Emile Coué / Mentaltraining und Autosuggestion

Selbstbewußt leben

In der Buchreihe für positive Lebensgestaltung
sind im Oesch Verlag lieferbar:

Marie Borrel / Ronald Mary
Der Arzt in unserem Inneren
Wie man die eigene Heilkraft weckt und nutzt

Regi Brugger
Fastenwandern – Zu Fuß zu mehr Lebensfreude
Praktischer, philosophischer und medizinischer Rat

Emile Coué
Autosuggestion
Wie man die Herrschaft über sich selbst gewinnt
Die Kraft der Selbstbeeinflussung durch positives Denken

Sebastian Kneipp
Meine Wasserkur

Sebastian Kneipp
Meine Hausapotheke
Kräuter, Tees, Tinkturen, Öle und Pulver aus des Herrgotts Garten

Orison Swett Marden
Streu Blüten, während du gehst
Von der Kunst, das Glück zu finden

Helmut G. Sieczka
Der Blüten-Weg
Bach-Blüten und positives Denken

Helmut G. Sieczka
Das kleine Atembuch
Wunderbar einfache Atemübungen für jeden Tag

Weitere Bände in Vorbereitung.

Emile Coué

Mentaltraining und Autosuggestion

Das Unbewußte in uns selbst und wie wir lernen, es sinnvoll zu nutzen

Aus dem Französischen übersetzt von Anette Holzwarth

Oesch Verlag

Die französische Erstausgabe erschien 1926
unter dem Titel
Ce que je dis. Extrait de mes conférences
im Selbstverlag des Verfassers

Die Deutsche Bibliothek – CIP-Einheitsaufnahme

Coué, Émile:

Mentaltraining und Autosuggestion : das Unbewußte
in uns selbst und wie wir lernen, es sinnvoll zu nutzen /
Emile Coué. Aus dem Franz. übers.
von Anette Holzwarth. – Zürich : Oesch, 1998

(Selbstbewußt leben)
Einheitssacht.: Ce que je dis <dt.>
ISBN 3-85833-533-9

Schutzumschlag: Heinz von Arx, Zürich
Druck und Bindung: Ebner Ulm

ISBN 3-85833-533-9

2 4 6 5 3 1

Inhaltsverzeichnis

Vorwort

Meine Theorie der bewußten Autosuggestion und die Anwendung meiner Methode wurden bereits in meinem Buch »Autosuggestion«[1] dargelegt. Die darin gegebenen Ausführungen waren gewiß gut nachzuvollziehen, denn zahlreiche Menschen konnten sich allein nach der Lektüre dieses Büchleins von ihren oft schweren Krankheiten heilen, die zuvor keine Behandlung hatte bessern können.

Um mich jedoch noch besser verständlich zu machen, wollte ich meine Gedanken noch deutlicher darlegen.

Daher habe ich in diesem kleinen Werk alles zusammengetragen, was ich während meiner Vorträge in der Regel sage. Dabei schildere ich auch die Gründe, die mich dazu bewegten, die

1 Emile Coué: *La Maîtrise de Soi-Même par l'Autosuggestion Consciente,* Nancy 1923; deutsch: *Autosuggestion. Wie man die Herrschaft über sich selbst gewinnt. Die Kraft der Selbstbemeisterung durch positives Denken.* Mit einem Essay über Coué von Marie Borrel und Ronald Mary, 1997 im Oesch Verlag, Zürich, erschienen.

Ausübung der Autosuggestion in der dargestellten Art und Weise zu empfehlen.

Ferner erlauben die Überlegungen, die ich abschließend über das Unbewußte anstelle, ein leichtes Verständnis der Mechanismen, durch die es seine Zwecke erreicht. *E. Coué*

Was ich sage

Schon immer hatten die Menschen eine Vorliebe für das Geheimnisvolle und Übernatürliche. Sobald sie etwas Ungewohntes und Unverständliches sehen, führen sie es auf einen übernatürlichen Ursprung zurück – jedenfalls bis zu dem Tag, an dem jemand die Gesetzmäßigkeit entdeckt, die in Wahrheit dahintersteckt. Seit ältester Zeit gibt es Heiler oder vielmehr Pseudoheiler, die durch Handauflegen, Worte und mehr oder minder beeindruckende Rituale oft augenblickliche Heilungen herbeiführen. Wer solche Heilungen miterlebt, wird in begeistertes, aber manchmal auch in furchtsames Erstaunen versetzt, denn für so manchen Betrachter kann derartiges nur auf den Einfluß des bösen Geistes zurückzuführen sein.

Im antiken Griechenland ließen sich Kranke in das Leder frisch geschlachteter Tiere einnähen und für eine Nacht auf die Stufen des Athena-Tempels legen. Am nächsten Morgen waren sie oft geheilt.

Französische Könige heilten Geschwülste einfach durch Handauflegen. Mesmer[2] heilte seine Patienten, indem er sie nach einer magnetisierten Eisenstange greifen ließ, die er in seinen *baquet*, einen großen Wasserbottich, getaucht hatte. Der Zuave Jacob erzielte mit der sogenannten »Projektion« seines Fluidums unbestreitbare Erfolge. Heutzutage werden solche Ergebnisse von der Christian Science, der Neugeistbewegung, dem Heilmagnetismus und dem Hypnotismus erzielt.

Für die meisten Menschen sind diese Heilungen geheimnisvoll; sie führen sie zurück auf eine

---

2 Franz Anton Mesmer (1734–1815) erregte im letzten Viertel des 18. Jahrhunderts Aufsehen mit seinen »magnetischen Kuren«. Er ging davon aus, daß ein subtiles physikalisches Fluidum die Himmelskörper, die Erde und alle belebten Körper miteinander verbinde. »Ist die Verteilung des Fluidums im Körper gestört, entstehen Krankheiten. Sobald der Arzt mit Hilfe von gewissen Praktiken wie z. B. »magnetischen Strichen« das Gleichgewicht wiederhergestellt hat, beginnt die Genesung.« »Mesmer ließ seine Kranken ein eisenhaltiges Präparat schlucken, befestigte an ihrem Körper eigens entworfene Magnete und fuhr mit anderen ihren Extremitäten entlang; manche Patienten spürten, wie dabei Ströme eines geheimnisvollen Fluidums durch ihre Glieder pulsierten und alle Beschwerden gleichsam wegschwemmten – wenigstens vorüber-

besondere Macht, mit der sie jene, die diese Macht herbeiführen, ausgestattet glauben. Die Heilungen müssen jedoch auf ganz natürliche, gesetzmäßige Kräfte zurückgeführt werden, von denen gleich noch ausführlicher die Rede sein wird.

Halten Sie mich also bitte nicht, wie so viele, für einen Heiler, einen Wunderheiler, der übersinnliche Fähigkeiten besitzt und der alles kann, sogar und vor allem das Unmögliche.

Damit Sie sich vorstellen können, was für ein sonderbares Bild manche Menschen von mir ha-

---

gehend.« »Das Baquet, von Mesmer auch *paropothos* genannt, stellte so etwas wie einen magnetischen Brennpunkt dar, in dem sich das Universalfluid ansammelte, von dort mit Hilfe von Eisenstäben an den erkrankten Körperteil geleitet wurde.« Es war ein Bottich, den Mesmer »mit Wasser, Glas- und Eisenstaub füllte und wohlweislich mit einem Holzdeckel zudeckte; auch hier wieder die nach außen ragenden Eisenstäbe, dazu ein Strick, der die Patienten sowohl mit dem Bottich wie untereinander verband.« »Dank diesem ausgeklügelten System therapierte Mesmer immer ein paar Dutzend Patienten gleichzeitig; ein englischer Arzt zählte gar zweihundert Besucher, die den weiträumigen Stadtpalast füllten.« (Alle Zitate aus: Hans Peter Treichler: *Die magnetische Zeit, Alltag und Lebensgefühl im frühen 19. Jahrhundert*; Zürich 1988.)

ben, möchte ich Ihnen einige der Anfragen zitieren, die oft an mich gerichtet werden:

Einmal fragte mich eine Dame: »Sehr geehrter Herr Coué, mein Ehemann kann mich nicht mehr ertragen; könnten Sie ihm nicht zu mehr Geduld verhelfen?« Eine andere fragte: »Sehr geehrter Herr Coué, mein Sohn hat eine schlechte Bekanntschaft gemacht. Könnten Sie nicht für ein Ende dieser Verbindung sorgen?« Eine dritte Dame schickte mir diesen im Befehlston verfaßten Brief ohne Unterschrift: »Sehr geehrter Herr Coué, ich bin krank, heilen Sie mich!« Eine andere Dame teilte mir mit, daß eine Nachbarin ihr Haus mit einem Fluch belegt habe, und ich sollte nun diesen Fluch brechen. Eine weitere Dame schließlich erzählte mir: »Mein Vermieter möchte die Miete erhöhen, können Sie ihn nicht daran hindern? Bei dieser Gelegenheit fällt mir ein, daß ich ein paar Lotteriescheine habe. Könnten Sie nicht dafür sorgen, daß einer davon gewinnt?«

Wenn nun also einige von Ihnen glauben, ich sei zu solchen Dingen fähig, dann ehrt mich das zwar, aber ich muß Sie bitten, diesem schlimmen

Irrglauben abzuschwören. Ich bin kein Wunderheiler, kein Magier und kein Zauberer. Ich besitze nicht diese besondere Kraft, mit der Sie mich ausgestattet glauben. Ich bin einfach nur ein Mensch, vielleicht ein guter Mensch, wenn Sie so wollen, aber ein Mensch wie alle anderen, deren Rolle nicht etwa darin besteht, die Menschen zu heilen, sondern sie zu lehren, wie sie sich selbst helfen können, wie sie sich selbst bessern und heilen können, falls eine Heilung möglich ist.

Was nun das Ergebnis einer solchen Selbstheilung angeht, so wasche ich meine Hände vollkommen in Unschuld. Ich überlasse dem Patienten den Nutzen des Erfolges, aber ebenso trägt er auch die alleinige Verantwortung für einen Mißerfolg, denn beide Möglichkeiten sind allein von ihm selbst abhängig. Ich bin mit einem Lehrer vergleichbar, der seinen Schülern das für die Abschlußprüfung notwendige Wissen vermittelt, der aber nicht an ihrer Stelle die Prüfung bestehen kann.

Sie müssen meinen Worten aus zweierlei Gründen Glauben schenken. Erstens, weil ich die Wahrheit sage, und zweitens, weil es in Ihrem eigenen Interesse ist, mir zu glauben.

Nehmen wir einmal an, ich wäre ein Heiler. Ich will gerne zugeben – obwohl ich nicht so recht daran glauben mag –, daß ich auf Sie einen gewissen Einfluß habe, während Sie in meiner Gegenwart sind. Nun müssen Sie jedoch Ihrerseits zugeben, daß ich, sobald wir auseinandergehen und Sie auf die Straße gehen oder nach London, New York oder Chicago zurückkehren, keinen Einfluß mehr auf Sie ausüben kann. Werden Sie dann aber krank, fühlen Sie sich verloren und sagen sich: »Ach, wenn nur Herr Coué hier wäre, dann würde ich schnell geheilt!« Doch Herr Coué ist nicht da, und deswegen kommen Sie sich verloren vor.

Wenn ich Sie in diesem Irrglauben belassen würde, setzte ich Ihre Persönlichkeit herab, denn ich ließe Sie glauben, daß Sie von mir abhängig sind und nicht von sich selbst.

Zeige ich Ihnen aber im Gegenteil, daß Sie in sich selbst die Kraft tragen, die Sie in mir zu sehen glaubten, und bringe ich Ihnen bei, wie Sie sich dieser Kraft an jedem Ort der Erde bedienen können, so können Sie sie nutzen und von sich aus eine Besserung oder Heilung Ihres Leidens herbeiführen.

In diesem Fall stärke ich Ihre Persönlichkeit, denn ich lehre Sie, von sich selbst und von niemandem anderen abhängig zu sein.

Doch Sie glauben mir trotz allem immer noch nicht.

Die meisten von Ihnen werden mir antworten: »Sie haben gut reden. Natürlich ist es Ihr Einfluß, dank dessen wir geheilt werden.« Wie kommt es dann nur, daß ich fast jeden Tag Briefe von Menschen erhalte, die ich noch nie gesehen habe und die mir dafür danken, daß sie sich selbst heilen konnten, nur weil sie die Ratschläge aus meinem Büchlein *»Die Autosuggestion«* befolgt haben? Hören Sie selbst, was diese Menschen sagen:

Erster Brief. – Ich habe mich sehr über Ihren Brief vom 13. Mai sowie über die beigelegten Broschüren gefreut, die ich sehr interessant finde. Vor etwa vierzig Jahren gab mir ein Arzt den Rat, ich solle mir die Krampfadern in den Beinen wegoperieren lassen oder zumindest elastische Stützstrümpfe tragen. Seit sechs Monaten nun wende ich Ihre Methode an, und die Krampfadern sind verschwunden. Das ist gar nicht so übel, wenn man bedenkt, daß ich siebzig Jahre alt bin. Mit diesem Ergebnis habe ich gewiß nicht gerechnet, als ich anfing, Ihre Ratschläge zu befolgen. Darüber hinaus kann ich nun wieder jeden Tag meine zwei Partien Golf spielen.

W. J., Sydney (Australien)

Zweiter Brief. – Die wunderbaren Ergebnisse, die ich durch Ihre Methode erzielt habe, halten an, und ich bin davon überzeugt, daß es nicht anders sein kann. Vielleicht können Sie sich noch daran erinnern, daß ich diese Erfolge in einem Zeitraum zwischen einer Woche und eineinhalb Monaten festgestellt habe. Gewiß lesen Sie gerne noch einmal, daß ich an Rachenentzündung, Schlaflosigkeit und Dünndarmentzündung litt. Dieses hübsche Trio wurde noch von einem Zustand großer körperlicher und seelischer Erschöpfung begleitet. Ich erinnere Sie auch nochmals daran, daß ich diese Erfolge allein durch das Erlernen Ihrer Methode erzielt habe, ohne Sie je gesehen oder an einer Ihrer Suggestionssitzungen teilgenommen zu haben.

Um das Erreichte zu bewahren, genügt es mir derzeit, abends, nachts – falls ich aufwache – und morgens ohne Mühe die berühmte Suggestionsformel zu wiederholen. Das ist ganz einfach. Ich habe das Interesse zweier weiterer Personen für Ihre Methode geweckt, unter ihnen der Arzt, der meine letzte Dünndarmentzündung behandelte. Er ist von meiner Veränderung überrascht und beabsichtigt, nach Nancy zu fahren, um Sie bei Ihrer Arbeit anzutreffen.

Doch damit nicht genug: ich habe auch meiner Mutter geholfen, sich von ihrem Rheuma zu heilen. Sie wohnt in der Provence und besuchte mich letzten Sommer. Meine arme Mutter zog humpelnd ihr vom Knie bis zum Knöchel stark geschwollenes Bein nach. Wir unterhielten uns nur eine halbe Stunde lang über die Existenz des Unterbewußten und seine enorme Macht, führten dann den Versuch mit den ineinander verschränkten Händen[3] durch, und ich versicherte ihr, daß sie wieder mühelos gehen können wür-

---

3 Hier ist der von Coué oft erfolgreich durchgeführte Versuch gemeint, bei dem er die Zuhörer zur Bewußtmachung ihrer Vorstellungskraft anwies, die Hände ineinander zu verschränken und dabei ganz fest zu denken: »Ich kann meine Hände nicht mehr lösen!« Siehe weiter unten Seite 62 sowie *Autosuggestion,* Seiten 25–26.

de. Das genügte bereits. Genau wie ich es vorausgesagt hatte, konnte meine Mutter wieder normal gehen und laufen, und sie hinkt seitdem nicht mehr. Das Ödem hatte sich bereits nach einer Woche deutlich zurückgebildet. Sie hatte noch ein anderes Wehwehchen, einen ziemlich großen Schorf über dem rechten Augenbrauenbogen, die Folge eines Mückenstichs vor sechs oder sieben Jahren. Keine der zahlreichen vom Arzt verschriebenen Salben hatte die fortschreitende Schorfbildung aufhalten können. Nach einigen Suggestionen meinerseits und einigen weiteren ihrerseits war fünf Wochen später keine Spur mehr davon zu sehen.

Derartiges kann man also für sich selbst und für andere tun, wenn man von Ihrer Methode vollkommen überzeugt ist. *C.*, Saint-Nazaire

Dritter Brief. – Ihrer Methode habe ich es zu verdanken, daß ich endlich von meiner Migräne erlöst wurde, die mich seit fünfundzwanzig Jahren gequält hatte. Ich hatte deswegen die unterschiedlichsten Behandlungen ausprobiert und zahlreiche Ärzte sowohl in Frankreich als auch im Ausland konsultiert. *S. A.*, Athen

Bei diesen zahlreichen Fällen kann keine Rede von einer persönlichen Aktion meinerseits sein. Diesen Einfluß, den ich auf Sie habe, möchte ich als eine virtuelle Macht bezeichnen; sie existiert nur in Ihrem Geist, und ich habe auf jeden von Ihnen nur den Einfluß, den Sie mir gewähren.

Nehmen wir einen Augenblick lang an, daß ich auf Sie tatsächlich eine wie auch immer geartete Kraft ausübe. Diese Kraft ließe sich mit einem Dynamometer messen. Wenn ihr Meßwert die Zahl 100 betrüge, so hätte ich also auf Sie alle eine Kraft vom Wert 100.

Ist das in Wirklichkeit so? Keineswegs. Auf den einen übe ich einen Einfluß von 0, auf den anderen von 10, auf wieder andere von 100, 200, 1000 oder sogar einer Million und noch mehr aus, je nach der Vorstellung, die sich jeder einzelne von diesem Einfluß macht.

Wie Sie sehen, existiert dieser Einfluß also nicht wirklich; er ist lediglich das Ergebnis der Vorstellungskraft jedes einzelnen.

Ein Beispiel soll dies veranschaulichen: Sie gehen mit einem Freund auf der Straße spazieren, Sie nehmen eine Zigarette aus Ihrem Zigarettenetui, wollen sie anzünden und stellen fest, daß weder Sie noch Ihr Freund Streichhölzer bei sich haben. In diesem Augenblick geht ein Herr an Ihnen vorbei, der in aller Ruhe eine Zigarre raucht. Sie gehen auf ihn zu und bitten ihn um Feuer. Der Herr reicht Ihnen sehr höflich seine Zigarre, mit deren glühendem Ende Sie Ihre Zigarette anzünden. Als Sie danach wieder zu Ihrem Freund zurückkommen, fragt er Sie: »Wissen Sie, wer dieser Herr ist?« – »Nein, warum?« – »Nun, das ist der König von …!« – »Nicht möglich!« sagen Sie. Und ob dies möglich ist!

Jetzt, da Sie wissen, wer er ist, würden Sie noch einmal auf ihn zugehen und ihn um Feuer bitten? Nein! Sie würden sich nicht mehr trauen. Warum? Weil diese Person von nun an auf Sie einen Einfluß hat, den sie vorher nicht hatte und der nicht von ihrer Person selbst, sondern einfach von ihrem Titel und ihrer gesellschaftlichen Stellung herrührt. Sie selbst sind es also, der diesen Einfluß geschaffen hat, ohne sich darüber im klaren zu sein.

Was muß man also tun, um sich zu helfen, sich zu bessern und sich selbst zu heilen? Dazu muß man ganz einfach lernen, bewußt und richtig ein

Werkzeug einzusetzen, das jeder von uns seit seiner Geburt besitzt, seit jenem Tag zu nutzen begann und sein ganzes Leben lang, Tag und Nacht, bis zu seinem letzten Atemzug weiter nutzt, und dies, ohne es zu wissen. Dieses Werkzeug ist nichts anderes als die Autosuggestion, die man wie folgt definieren kann: der Vorgang, durch den man sich selbst eine Vorstellung in den Kopf setzt.

Autosuggestion ist für uns das, was für Monsieur Jourdain[4] Prosa war. Sein Staunen war groß, als er eines Tages – er war schon über fünfzig Jahre alt – von seinem Französischlehrer erfuhr, daß er bereits als »Papa, Mama« babbelndes Kleinkind Prosa sprach und dies auch später noch tat, als er sagte: »Wunderschöne Marquise, Ihre bezaubernden Augen lassen mich vor Liebe sterben.«

Sie werden gewiß genauso erstaunt sein, wenn ich Ihnen sage, daß Sie die Autosuggestion seit dem Tag Ihrer Geburt ausüben und sie bis zu Ihrem letzten Atemzug ausüben werden.

4 Monsieur Jourdain ist die Hauptperson in Molières Lustspiel »Le Bourgeois Gentilhomme« (»Der Bürger als Edelmann«).

Um Ihnen zu zeigen, daß ich nicht übertreibe, möchte ich Ihnen ein Beispiel geben, zu dem auch einige von Ihnen sicherlich beigetragen haben.

Nehmen wir an, wir hätten es mit einem Säugling zu tun, der vergangene Nacht oder heute morgen geboren wurde. Er schläft in seiner Wiege. Plötzlich hört man ihn leise weinen. Sofort stürzt einer der Anwesenden – der Vater, falls er da ist – zur Wiege und nimmt das Kind in die Arme. Wenn das Kind nicht wirklich krank ist, hört es nach kurzer Zeit auf zu weinen; dann legt man es wieder in die Wiege zurück; doch der Säugling fängt erneut an zu weinen. Man nimmt ihn wieder heraus, er hört wieder auf zu schreien; man legt ihn wieder in sein Bett, das Geschrei beginnt von neuem usw., usf. Ich weiß nicht, ob Sie meiner Meinung sind, aber ich glaube, ich habe recht, wenn ich behaupte, daß dieses Kind versucht, seine Eltern durch Suggestion zu manipulieren. Mit anderen Worten: Es versucht, sie an der Nase herumzuführen, um es mit einer umgangssprachlichen Redewendung auszudrücken. Leider hat es damit allzu oft Erfolg. Wenn die Eltern tatsächlich der Vorstellung, der Autosuggestion erliegen, daß es notwendig sei, das Kind jedesmal, wenn es schreit, aus dem Bett zu nehmen, damit es nicht mehr schreit, verurteilen sie sich selbst dazu, einen Großteil der Nächte während fünfzehn oder achtzehn Monaten ihres Lebens mit dem Kind auf dem Arm zu verbringen, obwohl es unendlich besser wäre, wenn das Kind in seiner Wiege und die Eltern in ihrem Bett blieben. Der Säugling seinerseits sagt sich in seiner Sprache, die wir nicht kennen, die er selbst aber ausgezeichnet versteht: »Jedesmal, wenn ich will, daß mich mein Papa oder meine Mama aus der Wiege nimmt, brauche ich nur zu schreien.« Und also schreit er. Läßt man das Kind dagegen eine Viertelstunde, eine halbe Stunde oder noch länger schreien, merkt es, daß es sich umsonst bemüht, und sagt sich, immer noch in seiner Kindersprache: »Oh! Es lohnt sich nicht zu schreien«, also schreit es auch nicht mehr.

Wie Sie sehen, beginnen wir schon von unserem ersten Lebenstag an, Suggestionen und Autosuggestionen zu betreiben, und wir fahren damit Tag und Nacht bis zur Stunde unseres Todes fort. Unsere Träume sind Autosuggestionen; sie sind das Produkt unseres Unbewußten, und alles, was wir sagen, alles, was wir den Tag über tun, wird ebenfalls von Autosuggestionen bestimmt, die bis zu dem Tage unbewußt sind, an dem wir sie uns bewußt machen.

Aber Sie müssen wissen, daß die Autosuggestion ein gefährliches Werkzeug, ja sogar ein äußerst gefährliches Werkzeug ist. Sie ist gleichzeitig die beste und die schlechteste Sache der Welt, je nachdem, ob man sie richtig oder falsch anwendet. Wird sie richtig angewandt, führt Autosuggestion immer zu guten Ergebnissen, und diese Ergebnisse sind manchmal derart überraschend, daß man sie, zu Unrecht übrigens, als Wunder bezeichnet. Wird sie falsch betrieben, führt sie unweigerlich zu schlechten Resultaten, und dies oft in einem solchen Ausmaß, daß es sowohl in körperlicher wie auch in seelischer Hinsicht zu wahren Katastrophen kommen kann.

Was geschieht nun aber mit uns, wenn wir uns eines gefährlichen Werkzeugs bedienen, das wir nicht kennen? Manchmal, sehr selten und völlig zufällig, setzen wir es richtig ein. Meistens aber setzen wir es falsch ein und schaden uns damit mehr oder weniger schwer; dazu kann Autosuggestion also führen. Wenn es uns aber gelingt, dieses gefährliche Werkzeug kennenzulernen, verliert es sofort seine Gefährlichkeit. Worin besteht denn eigentlich das Gefährliche einer Sache? In unserer Unkenntnis von dieser Gefahr. Sobald wir sie aber kennen, verschwindet die Gefahr, da wir ihr aus dem Weg gehen.

Meine Aufgabe ist es nun, Ihnen beizubringen, von diesem gefährlichen Werkzeug bewußt und richtig Gebrauch zu machen, denn bislang haben Sie es unbewußt, also sehr selten richtig und meist falsch eingesetzt.

Bevor ich Ihnen abschließende Ratschläge geben werde, muß ich Ihnen die Grundsätze erläutern, auf denen ich meine Methode aufgebaut habe, denn im Gegensatz zu dem, was manche Menschen sagen, die meine Methode nicht verstehen oder sie nicht verstehen wollen, ist diese Methode weder unwissenschaftlich noch kindisch. Sie ist ganz im Gegenteil wissenschaftlich, denn sie beruht sowohl auf wissenschaftlichen Erkenntnissen als auch gleichzeitig auf der Beobachtung von Tatsachen.

Der erste Grundsatz läßt sich wie folgt beschreiben: Jede Vorstellung, die wir in uns tragen, ob gut oder schlecht, strebt nicht nur danach, sich zu bewahrheiten, wie Bernheim sagte, sondern sie wird für uns im Bereich des Möglichen tatsächlich zu einer Wirklichkeit. Anders ausgedrückt: Wenn die Vorstellung realisierbar ist, so wird sie auch zur Realität. Ist sie nicht realisierbar, so wird sie natürlich nicht zu einer Realität, denn wir können das Unrealisierbare nicht realisieren. Doch andererseits dürfen wir es uns gar nicht erlauben, derlei unrealisierbare Vorstellungen zu haben.

Nehmen wir zum Beispiel an, man hätte uns ein Bein amputiert und wir stellten uns vor, daß es nachwachsen würde. Es ist davon auszugehen, daß es nicht nachwachsen wird. Wir können sogar ganz sicher sein, daß es nicht nachwächst, denn dies liegt nicht im Bereich des Möglichen. Hätten wir nur solche Vorstellungen, so wären wir sicher reif fürs Irrenhaus.

Wenn wir jedoch in irgendeiner Körperpartie Schmerzen empfinden; wenn einige unserer Organe mehr oder weniger unvollkommen arbeiten; wenn wir traurige Vorstellungen, finstere Vorstellungen, quälende Vorstellungen, Sorgen, Ängste oder Phobien haben und uns dann einreden, daß die Schmerzen nach und nach verschwinden, daß unsere Organe allmählich wieder besser arbeiten und daß auch unsere traurigen, finsteren und quälenden Vorstellungen, Sorgen, Ängste und Phobien mit der Zeit weggehen, so werden wir dieses Ergebnis erzielen, weil es im Bereich des Möglichen liegt.

So führt etwa die Vorstellung von Schlaf tatsächlich zu Schlaf, ebenso wie die Vorstellung von Schlaflosigkeit zu Schlaflosigkeit führt. Wie kann man jemanden beschreiben, der nachts schläft? Jemand, der nachts schläft, ist jemand, der weiß, daß man im Bett ist, um zu schlafen. Und wie kann man jemanden beschreiben, der nachts nicht schläft, der an chronischer Schlaflosigkeit leidet? Jemand, der an chronischer Schlaflosigkeit leidet, ist jemand, der weiß, daß er im Bett ist, um nicht zu schlafen, und deshalb schläft er auch nicht. Jeden Abend denkt er beim Anblick seines Bettes, daß er dort eine ebenso schlimme Nacht verbringen wird wie die vorherige, und da er diesen Gedanken jeden Abend hat, sind für ihn alle Nächte einander ähnlich, während im Gegensatz dazu sprichwörtlich kein Tag dem anderen gleicht.

Die Vorstellung von einem Asthmaanfall ruft

einen Asthmaanfall hervor. Ein Beispiel: Ein Asthmatiker wacht eines Morgens munter und ausgeruht auf. Er hat eine hervorragende Nacht hinter sich, in der er nicht wie so oft gezwungen war, ein Pulver X. zu verbrennen oder eine Zigarette Z. zu rauchen. Da es in seinem Schlafzimmer nicht sehr hell ist, geht er zum Fenster und zieht den großen Vorhang zur Seite. Durch die Fensterscheibe hindurch sieht er Nebel, so dicht wie in London. Auf der Stelle verändert sich sein Gesichtsausdruck, er bekommt Atemnot, es folgt ein furchtbarer Asthmaanfall. Ist es nun wirklich der Nebel, der diesen Anfall ausgelöst hat? Mitnichten, denn es herrschte bereits Stunden vorher Nebel, ohne jegliche Auswirkung auf unseren Asthmatiker. Erst als der Kranke den Nebel sah, wurde der Anfall ausgelöst; denn man muß wissen, daß jeder Asthmatiker, der etwas auf sich hält, bei nebligem Wetter einen Anfall zu bekommen hat.

Die Vorstellung von einem Nervenzusammenbruch führt zu einem Nervenzusammenbruch. Ohne zu befürchten, daß ich mich irre, glaube ich sogar behaupten zu können, daß Menschen, die Nervenzusammenbrüche erleiden – mit Ausnahme der Epileptiker (und vielleicht noch anderer?) –, nur einen einzigen wirklichen Zusammenbruch gehabt haben, nämlich den allerersten. Alle weiteren Zusammenbrüche haben sie selbst verursacht.

Dies will ich nun erklären, und ich glaube, daß ich damit recht habe. Die erste Krise wird immer von einem körperlichen oder seelischen Schock ausgelöst. Nach dieser ersten Krise sagt sich der Kranke zwangsläufig: »Wenn mir das bloß nicht mehr passiert!« Ich weiß nicht, ob auch Sie sich dies schon gesagt haben. Jedesmal, wenn jemand »Wenn ich bloß …« sagt, und es geht um etwas, was ihn betrifft und von ihm abhängt, so wird genau das Gegenteil dessen eintreffen, was er möchte. Wenn Sie zum Beispiel sagen: »Wenn ich bloß heute nacht gut schlafe!«, können Sie sicher sein, eine schlaflose Nacht zu verbringen. Draußen ist Glatteis, und Sie müssen ausgehen. Wenn Sie sich sagen: »Wenn ich bloß nicht ausrutsche!«, werden Sie keine vierzig Schritte weit gegangen sein, bevor Sie der Länge nach auf dem Pflaster liegen.

Unter diesen Umständen tritt die Krise unweigerlich immer wieder auf. Wenn die betreffende

Person die Anzahl der Tage zwischen der ersten und zweiten Krise festhält – nehmen wir an, es seien vierzehn Tage –, sagt sie sich nach der zweiten Krise: »Wenn mir das bloß in vierzehn Tagen nicht wieder passiert!«, und vierzehn Tage später ist die Krise wieder da, um sich auf diese Weise automatisch zweimal im Monat bis zum Tod des Kranken zu wiederholen, wenn nicht irgendein Ereignis diesen Lauf der Dinge wendet.

Merkt sich der Patient nicht, wie viele Tage zwischen der ersten und der zweiten Krise liegen, so sagt er sich nach der zweiten Krise: »Wenn mir das bloß nicht mehr passiert!« Natürlich wird die Krise wiederkommen, aber nach einer unbestimmten Dauer, vielleicht nach einem Tag, zwei Tagen, acht Tagen, nach einem Monat oder noch später. Mit andern Worten, er hat über seinem Haupt eine Art Damoklesschwert aufgehängt, das hin und wieder auf ihn niedersaust, im Gegensatz zum Damoklesschwert der Überlieferung, das stets artig über dem Haupt dessen schwebte, den es bedrohte, ohne je herunterzufallen.

Die Vorstellung, daß Sie an dem Tag, an dem Sie zum Abendessen eingeladen sind, oder an dem Tag, an dem Sie jemanden zum Essen eingeladen haben, Migräne haben könnten (dies betrifft wohl vor allem die Damen unter Ihnen), ist die Gewähr dafür, daß Sie an eben diesem Tag eine Migräne haben werden; nicht am Tag davor und auch nicht am Tag danach, sondern ausgerechnet am Tag der Einladung werden Sie Migräne haben.

Die Vorstellung von Stottern führt dazu, daß man stottert, und die Vorstellung von Lampenfieber verursacht Lampenfieber usw.

Ich gehe sogar so weit zu sagen, daß es genügt zu denken: »Ich bin taub, ich bin blind, ich bin gelähmt«, um taub, blind oder gelähmt zu werden. Damit will ich natürlich nicht behaupten, daß alle Tauben, Blinden und Gelähmten es nur deshalb sind, weil sie glauben, es zu sein, aber eine gewisse Anzahl von ihnen ist wirklich nur deshalb taub, blind oder gelähmt, weil sie es zu sein glaubt. Bei dieser Gruppe von Patienten kommt es dann zu den scheinbaren Wunderheilungen, die ich selbst so oft erlebe. Wenn es gelingt, diese Gruppe von Tauben davon zu überzeugen, daß sie wieder hören werden, diese Gruppe von Blinden davon zu überzeugen, daß sie wieder sehen werden, und diese Gruppe von Gelähmten davon zu überzeugen, daß sie wieder gehen werden, so stellt man fest, daß der Taube hört, der Blinde sieht und der Gelähmte geht. Solche Beispiele sind gar nicht so selten, wie man annehmen könnte, insbesondere bei Taubheit. Meine tägliche Erfahrung zeigt, daß mehr als die Hälfte aller Gehörlosen aus Einbildung taub ist.

Aus Hunderten von Fällen möchte ich nun einige Beispiele herausgreifen.

Eines Tages kam eine Engländerin zu mir, weil sie schwerhörig war. Sie hatte in jedem Ohr ein Hörgerät und konnte trotz dieser Geräte (oder vielleicht gerade deswegen?) nur sehr schlecht hören. Am nächsten Tag kam sie ohne ihr Hörgerät wieder, und sie hörte sehr gut.

Es ist offenkundig, daß dieser Fall rein psychisch bedingt war. Wären Schädigungen in ihren Ohren die Ursache gewesen, so wäre es physisch unmöglich gewesen, diese innerhalb eines Tages zu heilen.

Ein anderes Mal suchte mich eine rechtschaffene Frau vom Lande wegen eines Emphysems[5] auf. Als sie zur vierten Sitzung kam, sagte sie zu mir: »Herr Coué, mit mir hat sich etwas Sonderbares zugetragen. Seit sechzehn Jahren konnte ich auf meinem linken Ohr nichts mehr hören, und gestern abend bemerkte ich, daß ich auf diesem Ohr ebenso gut höre wie auf dem anderen.« Und das ist seitdem so geblieben.

Ein weiterer Fall: Während meiner zweiten Amerikareise war ich bei einem Freund zu Gast, und am Abend kamen einige Menschen, um mich zu treffen. Unter ihnen war eine Dame, die seit mehreren Jahren auf dem einem Ohr völlig taub war. Nachdem ich mit ihr eine Sitzung abgehalten hatte, hörte diese Dame wieder sehr gut.

Am nächsten Tag verließ ich New York, um eine sechsundfünfzigtägige Vortragsreise durch die Vereinigten Staaten anzutreten. Als ich zurückkam, war ich wieder bei dem gleichen

5 Deutsch: Luftgeschwulst, d. h. krankhafter Zustand, bei dem Gewebslücken oder Hohlräume in einem Organ mit Luft oder Gas angefüllt sind.

Freund zu Gast, und am Abend kamen wieder dieselben Menschen, um mit mir zu sprechen. Unter ihnen war natürlich auch die taube Dame. Sie erzählte mir, daß sie während der ersten drei Tage nach meiner Abreise sehr gut hörte, aber ab dem vierten Tag wieder taub wurde. Sobald ich mich ihr zuwandte, konnte sie wieder hören.

Als ich in Florenz war, um dort am britischen Institut einen Vortrag zu halten, traf ich einen jungen Engländer, der im Krieg am Kopf verwundet worden war. Seit dem Tag dieser Verwundung war er auf dem rechten Ohr vollständig taub. Ich ließ ihn sein gesundes Ohr mit seinem kleinen Finger zuhalten, ging ganz nahe an das taube Ohr heran und rief laut: »Hören Sie mich?« Er antwortete: »Ja.« Ich entfernte mich ein wenig und rief ihm nochmals die Frage zu. Er konnte mich in einer Entfernung von etwa anderthalb Metern immer noch deutlich hören. Erst als ich mich noch weiter entfernte, nahm er meine Laute nicht mehr so deutlich wahr.

Ich wiederholte den Versuch, und dieses Mal hörte er mich bis zu einer Entfernung von drei Metern. Der dritte Versuch schließlich war von durchschlagendem Erfolg gekrönt: Der Taube hörte mich in jeder beliebigen Entfernung. Er war über dieses Ergebnis derart erstaunt, daß er die Arme nach oben streckte und unablässig wiederholte: »It's extraordinary, it's extraordinary, …« In seinem Fall hatte ich es also ebenfalls mit einer psychisch bedingten Taubheit zu tun, die wahrscheinlich die Folge einer wirklichen Taubheit war. Seine Kopfverletzung hatte wohl zu inneren Schädigungen geführt, die ihrerseits eine tatsächliche Ertaubung verursacht hatten. Nach und nach heilten diese inneren Wunden, und die eigentliche Taubheit verschwand allmählich. Doch da sich der junge Mann nach wie vor taub wähnte, blieb er es auch in Wirklichkeit. Am Ende war seine eigentliche Taubheit spurlos verschwunden; an ihre Stelle war jedoch eine psychische Taubheit getreten, die so lange anhielt, bis ich ihn traf.

In Nancy lernte ich einmal einen sehr sonderbaren Fall von Blindheit kennen. Ein junges Mädchen von dreiundzwanzig Jahren kam eines Tages auf den Rat einer Freundin hin zu mir, weil sie seit ihrem dritten Lebensjahr mit dem linken Auge überhaupt nicht mehr sehen konnte. Sie konnte mit dem Auge weder Hell noch Dunkel auch nur im geringsten erkennen. Unmittelbar nach der Sitzung konnte sie wieder sehen.

Natürlich war diese schlagartige Heilung für alle Anwesenden ein Wunder. Ich dagegen suchte nach dem Schlüssel zu diesem Wunder, fand ihn, und von dem Wunder blieb nur noch ein Pseudowunder übrig. Hier ist die Erklärung: Dieses junge Mädchen erkrankte im Alter von zwei Jahren schwer am linken Auge und konnte erst nach etwa einem Jahr geheilt werden; während dieses Jahres trug sie eine Augenbinde über dem kranken Auge, das sich dadurch – da es die ganze Zeit über nicht sehen durfte – ans Blindsein gewöhnte und diese Gewohnheit bis zu dem Zeitpunkt unserer Begegnung beibehielt.

Ich redete ihr ein, daß die Schädigungen, die sie haben mochte, mit der Zeit verheilen würden und daß sie in dem Maße, wie sie verheilten, immer besser sehen würde. Wenn erst einmal alles verheilt wäre, würde sie wieder ausgezeichnet sehen können. Da sie jedoch gar keine Schädigungen hatte, konnte sie sofort wieder sehen.

Ich glaube sogar, mit Recht behaupten zu können, daß sie durch Autosuggestion völlig erblindet wäre, wenn sie mich nicht aufgesucht hätte. Tatsächlich hatte sie mir bei ihrem ersten Besuch gesagt, daß sie seit einiger Zeit beim Klavierspielen kaum mehr ihre Noten lesen könne. Dieses junge Mädchen hatte darüber hinaus auch noch seit langem einen leichten Basedowschen[6] Kropf, der sich durch die konsequente Ausübung der Autosuggestion ziemlich schnell zurückbildete.

Ein ähnlicher, nicht minder kurioser Fall ist der einer jungen Engländerin, die mich vor einiger Zeit aufsuchte. Als sie bei mir ankam, reichte ihr Augenlicht kaum dafür aus, daß sie sich alleine fortbewegen konnte. Genau wie Fräulein X. konnte auch sie bereits nach der ersten Sitzung plötzlich wieder so gut sehen, daß sie nicht nur ihren Weg wieder alleine finden, sondern sogar eine Zeitung lesen konnte.

Dieses Pseudowunder ist genauso einfach zu erklären wie das vorher geschilderte. Acht Jahre zuvor hatte dieses junge Mädchen eine Augen-

6 Der sogenannte Basedowsche Kropf ist ein Hauptkennzeichen der Basedowschen Krankheit, einer Überfunktion der Schilddrüse, benannt nach dem Arzt C. A. von Basedow (1799–1854).

krankheit und ging zu einem Facharzt. Dieser machte wohl einige unbedachte Äußerungen, die sie zu dem Glauben veranlaßten, daß sie blind werde. Das Ergebnis dieser Autosuggestion ließ nicht lange auf sich warten. Nach und nach wurde das Augenlicht des jungen Mädchens immer schwächer, bis sie, wie eben geschildert, nur noch mit Mühe ihren Weg auf der Straße finden konnte. Eine ähnliche Suggestion, wie ich sie bereits im ersten Fall angewandt hatte, brachte auch bei ihr unmittelbare Heilung.

In Paris beobachtete ich einmal einen außerordentlichen Fall von Lähmung. Man brachte mir ins erste Stockwerk eines Hauses, wo ich eine Sitzung abhielt, eine seit fünfzehn Monaten halbseitig gelähmte Frau. Sie konnte mit den Gliedmaßen ihrer kranken Seite nicht die geringste Bewegung mehr machen. Unmittelbar nach der Sitzung erhob sich die Frau von ihrem Sessel und fing an, ganz normal zu gehen, wobei sie ihren gelähmten Arm bewegte, als hätte sie nie damit aufgehört. Die Erklärung für diese plötzliche Heilung ist sehr einfach. Fünfzehn Monate zuvor hatte diese Frau in der Tat einen Schlaganfall gehabt, der eine wirkliche Lähmung verursacht hatte. Doch nach und nach, wie oft in solchen Fällen, heilten die Schädigungen, und mit deren Heilung ging im gleichen Verhältnis auch die wirkliche Lähmung zurück. Die Kranke dachte jedoch weiterhin: »Ich bin gelähmt«, und deshalb blieb sie auch in diesem Zustand. Nachdem die Schädigungen ganz ausgeheilt waren, war die wirkliche Lähmung nicht mehr vorhanden, aber da sich die Patientin immer noch für gelähmt hielt, blieb sie auch genauso gelähmt wie am Tage des Unglücksfalls.

Die Suggestion, daß die Lähmung verschwinde, sobald die Schädigungen verschwunden seien, hatte sofortigen Erfolg, da gar keine noch zu heilenden Schädigungen mehr vorhanden waren.

Ich möchte nun noch einige Fälle von unheilbaren Krankheiten anführen, bei denen in unglaublichem Ausmaß Besserungen erzielt werden konnten.

Der erste Fall betrifft Frau X. aus New York. Sie überreichte mir bei ihrer Ankunft einen Brief ihres mir bekannten Arztes mit etwa folgendem Inhalt: »Sehr geehrter Herr Coué, meine Kollegen und ich haben alles in unserer Macht Stehende getan, um den Zustand von Frau X., die an multipler Sklerose leidet, zu verbessern, doch leider ohne Ergebnis. Ich hoffe, daß Sie mehr Erfolg haben werden als wir.« Als sie zu mir kam, wurde diese Dame beim Gehen links von ihrem Mann untergefaßt, während sie sich rechts auf einen Stock stützte. Es erübrigt sich zu sagen, daß sie nur mit größter Mühe gehen konnte. Nach vierzehn Tagen konnte Frau X. ohne Stock in meinem Garten umhergehen. Ihr Gang war jedoch noch etwas steif. Seit zwei Jahren hat sich dieser Zustand gehalten.

Der zweite Fall betrifft eine Dame aus Harlem, die ich in Gegenwart ihres Arztes antraf. Wie im ersten Fall litt auch sie unter multipler Sklerose. Als ich ihr Zimmer betrat, fand ich sie auf einem Liegesofa ausgestreckt, von dem sie nur abends aufstand, um sich schlafen zu legen. Morgens ging sie mit größter Mühe und mit Hilfe von zwei Personen, die sie rechts und links stützten, von ihrem Bett zum Liegesofa. Ich erklärte ihr rasch die Methode, und innerhalb weniger Minuten erreichte ich, daß sie im Zimmer auf und ab ging, wobei ihre einzige Stütze meine rechter Zeigefinger war. Sie konnte nicht nur wieder gehen, sondern sogar die Treppe hinauf- und hinuntersteigen und dabei zwei Stufen auf einmal nehmen.

Einige Zeit später erhielt ich einen Brief von ihrer Mutter, in dem sie mir mitteilte, daß die junge Frau am Tag nach ihrem Besuch bei mir alleine ins oberste Stockwerk hinaufgegangen sei, um das Zimmer ihrer Kinder zu sehen, in dem sie seit elf Monaten nicht mehr gewesen war. Am übernächsten Tag sei sie die Treppe hinunter ins Eßzimmer gegangen, um mit ihren Eltern zu speisen.

Nach zwei Monaten schrieb mir die Kranke selbst, um mir mitzuteilen, daß die Besserung anhalte und daß sie habe ausgehen und Besuche machen können.

Ich traf sie dieses Jahr während meiner zweiten Hollandreise wieder und hätte sie fast nicht wiedererkannt. Bei meiner Ankunft erhob sie sich, um mir zur Begrüßung entgegenzukommen, und ich bemerkte, daß ihr Gang mit Ausnahme einer leichten Steifheit in den Beinen völlig normal war.

Bei dem dritten Fall geht es um einen etwa fünfzigjährigen Mann, der an Ataxie[7] litt. Nur mit der allergrößten Mühe und der Hilfe seiner Frau kam er die wenigen Stufen meiner Treppe hinauf. Ferner arbeitete bei ihm der Schließmuskel seit einiger Zeit nicht mehr.

Schon nach der *ersten* Sitzung arbeitete der Schließmuskel wieder, und mit der Zeit konnte er wieder fast normal gehen, so daß man kaum mehr sehen konnte, daß er an Ataxie litt.

Auch bei meinem letzten Fall handelt es sich um Ataxie, die bei einem etwa Fünfundvierzigjährigen vor dem Krieg festgestellt worden war. Er hatte den für Ataxiekranke typischen Gang und starke Kopfschmerzen, die jedoch recht schnell weggingen.

---

7 Bewegungsstörung mit mangelnder Koordination der Bewegungsabläufe, so daß diese unsicher und ausfahrend werden.

Der Gang des Patienten besserte sich sehr schnell: Schon nach einem Monat brauchte er keinen Stock mehr. Einige Zeit später lief er mühelos auf einer Bordsteinkante und machte munter einen Spaziergang von etwa zehn Kilometern.

Diese gleichsam wunderbaren Besserungen lassen sich leicht erklären: Man muß bedenken, daß jede Krankheit eigentlich aus zwei Krankheiten besteht, zum einen aus der echten Krankheit, der wir den Faktor 1 geben, und zum anderen aus der psychischen Krankheit, welche die wirkliche Krankheit überlagert und deren Faktor zwischen 1–5, 10 oder noch höheren Werten schwanken kann.

Nehmen wir einmal an, daß in den eben geschilderten Fällen die wirkliche Krankheit den Faktor 1 und die psychische Krankheit den Faktor 9 gehabt habe. Dank der Suggestion und der Autosuggestion verschwand die psychische Krankheit mehr oder weniger schnell, und übrig blieb am Schluß nur die wirkliche Krankheit, also lediglich ein Zehntel der gesamten Krankheit.

Welche Schlußfolgerung ziehen wir nun aus diesem ersten Grundsatz? Die folgende: Wenn jede Vorstellung, die wir in uns (also in unserem Unbewußten) tragen, für uns im Bereich des Möglichen zu einer Wirklichkeit wird und wenn wir uns im Falle einer Krankheit die Vorstellung von Heilung machen, so wird die Heilung im Bereich des Möglichen zu einer Wirklichkeit, das heißt, sie wird sich vollziehen, wenn sie denn möglich ist. Ist die Heilung nicht möglich, wird sie sich natürlich nicht vollziehen, doch in diesem Fall wird jede im Rahmen des Menschenmöglichen erreichbare Besserung erzielt, was bereits ein beachtlicher Erfolg ist, wird doch häufig selbst die Möglichkeit einer Besserung für unwahrscheinlich gehalten.

Nun möchte ich Ihnen noch aus einigen Briefen zitieren, die an mich gerichtet wurden und die Ihnen zeigen werden, was Autosuggestion bewirken kann.

Erster Brief. – »… Etwa drei Jahre lang hatte ich sehr oft starke Kopfschmerzen, die ich auf Verdauungsprobleme zurückführte. An Tagen, da es mir schlechtging, nahm ich daher keine Nahrung zu mir, weil ich dachte, das würde mir Erleichterung bringen. Diese Vorgehensweise führte allerdings zu einer schlimmen Nervenschwäche, und 1924 litt ich den ganzen Dezember über an Neurasthenie[8] und ihren schrecklichen Begleiterscheinungen.

Doch von der ersten Woche an, in der ich Ihre Methode anzuwenden begann, hatte ich keinerlei Verdauungsprobleme mehr; meine seelischen Leiden lösten sich nach und nach auf, und seit Anfang Februar betrachte ich mich als nahezu geheilt.« *D.*, Roanne

Zweiter Brief. – »... Vor vier Jahren konnte ich mich selbst durch Ihre Methode von einer Gebärmutterentzündung heilen, die seitdem nicht wieder auftrat. Dafür werde ich Ihnen mein ganzes Leben lang dankbar sein und grüße Sie usw. ...«

V., Verdun

---

8 1869 von G. M. Beard geprägter Begriff zur Charakterisierung eines Zustandes vermehrter Ermüdbarkeit und Erregbarkeit bei geringer seelischer Belastungsfähigkeit.

Dritter Brief. – »Ich erlaube mir, Ihnen aus der Ferne einen Gruß zu senden. Ich bin diejenige, die seit elf Jahren Beschwerden im Knie hatte und deshalb kaum mehr gehen konnte.

Vor nunmehr drei Wochen kam ich zum ersten Mal zu Ihnen. Sie haben mir nicht nur beigebracht, wieder zu gehen, sondern sogar zu laufen, und heute laufe ich noch schneller, denn erst gestern hatte ich den Mut, nach Ribeauvillé zu laufen, und heute morgen lief ich sogar bis nach Saint-Ulrich und wieder zurück.

Ich fühle mich immer noch wie in einen tiefen Traum versunken.« *J. B.*

Vierter Brief. – (Auszug aus einem Brief, den ein Mitglied einer britischen Gesandtschaft an eine in England lebende Freundin von mir richtete.)

»... Das Folgende wird Sie vielleicht interessieren: Prinz A. hat mich vor einigen Monaten um Auskünfte über die Coué-Methode gebeten, weil er einen kranken Freund hatte, dem die Ärzte nicht helfen konnten. Ich habe ihm das Buch zugesandt, das Sie mir geschickt hatten.

Vergangenen Monat erfuhr ich in H. H., daß der Kranke geheilt wurde, und gestern kam Prinz A.

eilends zu mir, um mir mitzuteilen, daß sich sein Freund sehr für die Methode des Herrn Coué interessiere. Er habe außerdem angeordnet, daß die Kinder in allen Schulen morgens und abends die Formel wiederholen: ›Es geht mir mit jedem Tag in jeder Hinsicht immer besser und besser.‹«

X., Asien

Fünfter Brief. – »Ich bin froh, Ihnen sagen zu können, daß mein Malaria-Leiden viel besser geworden ist, seitdem ich Ihre Methode kennengelernt habe. Darüber hinaus konnte ich eine gefährliche Angina erfolgreich abwehren. So freut es mich natürlich sehr, daß in Holland für alle Leidenden, denen bislang nicht geholfen werden konnte, ein Coué-Institut eingerichtet wurde.«

B., Rotterdam

Sechster Brief. – »... Mir liegt sehr daran, Ihnen nochmals meinen innigsten Dank für all das seelische und körperliche Wohl auszusprechen, das mir durch Ihre Methode zuteil wird.

Ich habe mir erlaubt, verschiedenen anderen Kranken davon zu berichten, und freue mich, Ihnen mitteilen zu können, daß sie alle Fortschritte gemacht haben. Besonders wirkungsvoll war Ihre Methode bei einer Dame, die unter einem Fibrom[9] und Blutverlust litt und inzwischen von beiden Leiden geheilt ist.«

S., La Chaux-de-Fonds

Siebter Brief. – »... Gestern hielt ich in meiner Praxis eine Sitzung mit mehreren Patienten ab. Eine von ihnen erzählte den anderen, wie sie heute, nach fünfzehnjähriger Krankheit und vier erfolglosen chirurgischen Eingriffen, geheilt wurde. Ihre Heilung erfolgte, nachdem sie *sechs* Tage lang Ihre Methode anwandte ...«

Doktor Z., Dijon

Damit will ich nicht sagen, daß man, wenn man die von mir empfohlene Autosuggestion ausübt, die vom Arzt verschriebenen Medikamente absetzen oder die von ihm begonnene Behandlung abbrechen soll. Meiner Ansicht nach sind Medikamente unabhängig von ihrem tatsächlichen therapeutischen Nutzen in der Tat ein hervor-

9 Fasergeschwulst; langsam wachsende, vorwiegend aus faserigem Bindegewebe bestehende Geschwulst, die Kopfgröße annehmen kann.

ragendes Hilfsmittel für die Suggestion. Ich gehe sogar so weit zu behaupten, daß der Arzt seinem Patienten einen Dienst erweist, wenn er ihm Medikamente verschreibt, selbst wenn er sie nicht für notwendig hält. Der Arzneitrank, das Pülverchen, die Tablette sollen den Patienten heilen, denn er macht sich in der Regel nur wenig aus den Ratschlägen, die man ihm in bezug auf seine Gesundheitspflege gibt. Ich meine ferner auch, daß Medikamente, die der Arzt selbst verordnet hat, beim Patienten eine bessere Wirkung erzielen als spezielle Fertigpräparate, die oft keinen wirklichen Wert haben und zu denen der Patient nicht dasselbe Vertrauen hat wie zu den vom Arzt verschriebenen. Wenn der Arzt dem Patienten außerdem die Anwendungsweise der Medikamente persönlich und ausführlich erklärt, so wird ihre Wirkung um so größer sein.

Anstatt also die Autosuggestion und die Medizin als Feinde anzusehen – was leider allzu oft geschieht –, muß man sie ganz im Gegenteil als gute Freunde betrachten, die sich nicht etwa gegenseitig ausschließen, sondern sich die Hand reichen und sich ergänzen sollen; und einer meiner größten Wünsche, eines meiner Ziele ist es, zu erreichen, daß die Suggestion und die Autosuggestion zu Pflichtfächern an den medizinischen Fakultäten in Frankreich und im Ausland werden. Der Arztberuf wird den größten Nutzen davon haben, denn er wird über eine zusätzliche Waffe im Kampf gegen Krankheiten verfügen, und für die Kranken ist der Nutzen noch größer.

Das Fehlen dieser Ausbildung ist bedauerlich, denn wenn wir uns mit einem Automobil vergleichen, dessen Körper die Karosserie und dessen Geist der Motor ist, stellen wir fest, daß die Studenten in den Universitäten lernen, den Körper, also die Karosserie, zu behandeln, daß sie aber den Geist oder, mit anderen Worten, den Motor gar nicht kennen. Wenn es nun zu einem Motorschaden kommt und sich dieser nicht von selbst wieder repariert, kann sich das Auto nicht mehr fortbewegen. Wenn die Studenten dagegen auch den Geist, also den Motor, zu behandeln wüßten, so würden sie den Wagen mühelos wieder in Gang bringen.

Der zweite Grundsatz, auf dem meine Theorie beruht, ist der folgende. Ich möchte Sie bitten, mir nun größte Aufmerksamkeit zu schenken, denn dieser Grundsatz ist es, der meine Methode von allen anderen unterscheidet und der häufig zu ebenso raschen wie unerwarteten Ergebnissen in Bereichen geführt hat, wo andere Behandlungsmethoden viele Jahre lang versagt haben. Dieser Grundsatz läßt sich wie folgt beschreiben: »Entgegen dem, was man im allgemeinen glaubt, weil es so gelehrt wird, ist nicht der Wille die wichtigste Fähigkeit des Menschen, sondern die Vorstellungskraft.« Immer, wenn es zwischen diesen beiden Kräften zu Konflikten kommt, siegt die Vorstellungskraft. Jedesmal, wenn wir in dieser für uns meist unglücklichen Geistesverfassung sind, in der wir uns sagen: »Ich möchte dieses oder jenes tun, aber ich kann nicht!«, tun wir nicht nur das nicht, was wir tun wollen, sondern, mehr noch, tun wir genau das Gegenteil davon. Je stärker dabei unser Wille ist, desto mehr tun wir das Gegenteil dessen, was wir tun wollen.

Ich bin sicher, daß diese Behauptung vielen von Ihnen paradox erscheint. Mein Gedanke ist jedoch nicht neu, er wurde schon von anderen vor mir formuliert, wenn auch nicht ganz so kategorisch wie von mir.

So sagte etwa der Apostel Paulus: »Das Gute, das ich tun will, tue ich nicht, und das Böse, das ich nicht tun will, tue ich«; das bedeutet also: »Ich will das Gute tun, tue aber das Böse. Je mehr ich das Gute tun will, desto mehr tue ich das Böse.«

Auch der Dichter Ovid brachte dies zum Ausdruck, indem er eine seiner Figuren sagen ließ: »Video meliora proboque, atque deteriora sequor.« (Ich sehe, was besser zu tun wäre, und versuche es zu tun, aber ich tue das Gegenteil davon.)

Um Ihnen zu beweisen, daß ich recht habe, werde ich Ihnen einige Beispiele von sehr einfachen Dingen aus unserem täglichen Leben anführen, Dinge, die wir jeden Tag sehen, ohne daß wir sie wirklich wahrnehmen.

Denken Sie zum Beispiel an Newton. Er lag eines Tages unter einem Apfelbaum, als dieser Früchte trug. Er dachte nach, schlief oder ruhte sich aus, das ist nicht so wichtig. Tatsache ist, daß ihm plötzlich ein Apfel ins Gesicht fiel. Er dachte über dieses Phänomen nach, und aus diesen Überlegungen ging die Entdeckung des Gravitationsgesetzes hervor. Sie werden mir sicher zustimmen, wenn ich behaupte, daß der Apfel, der Newton in Gesicht fiel, nicht der erste war, der je von einem Apfelbaum gefallen war, seit es auf der Erde Apfelbäume gibt. Es waren schon vorher Tausende, Millionen, Milliarden Äpfel vom Baum gefallen, nur hatte bis zu jenem Zeitpunkt niemand dieses Phänomen wirklich sehen können, das bedeutet: Niemand hatte es verstanden, die daraus ableitbaren Schlüsse zu ziehen.

Eine ähnliche Erfahrung machte Denis Papin[10], als er sich eines Tages seine Füße an seinem Herd wärmte. Am Kesselhaken hing ein mit einem Deckel verschlossener Kessel mit kochendem Wasser. Papin stellte fest, daß sich der Deckel des Kessels von Zeit zu Zeit schnell und mit einem rasselnden Geräusch anhob, während aus dem Topf gleichzeitig ein zischender Dampfstrahl entwich. »Da drin ist eine Kraft!« rief er aus. Und dieser einfachen Feststellung eines Beobachters verdanken wir es, daß es heute Dampfschiffe und Eisenbahnen gibt.

---

10 Denis Papin, 1647–1712 (?), französischer Arzt und Naturforscher. 1679/80 konstruierte er einen Dampfkochtopf mit Sicherheitsventil, 1690 eine einfache Dampfmaschine und 1698 eine Dampfpumpe.

Es ist völlig offensichtlich, daß der Deckel dieses Kessels nicht der erste war, der sich anhob, nachdem er auf ein Behältnis mit kochendem Wasser plaziert worden war. Es hatte nur vorher niemand verstanden, dieses Phänomen wirklich wahrzunehmen.

Das gleiche gilt für weitere Vorgänge, die ich im Folgenden erläutern möchte.

Betrachten wir zunächst die Schlaflosigkeit. Wenn eine Person, die nachts nicht schlafen kann, sich nicht bemüht zu schlafen, so schläft sie zwar nicht, aber sie bleibt ruhig und gelassen in ihrem Bett, ohne sich zu bewegen. Wenn diese Person allerdings das Pech hat, schlafen zu »wollen«, wenn sie sich bemüht zu schlafen, so wird ihre Aufregung immer größer, je mehr sie schlafen will und je größere Anstrengungen sie unternimmt, um zu schlafen. Wie man sieht, tut sie also gerade nicht das, was sie will, sondern genau das Entgegengesetzte, denn sie sucht den Schlaf und findet statt dessen Überreizung, also das Gegenteil davon.

Ein zweites Beispiel ist das Vergessen von Namen. Je mehr wir unter bestimmten Umständen versuchen, uns an den Namen von Frau Soundso zu erinnern, desto weniger fällt er uns ein. Wenn wir dagegen nach wenigen Augenblicken die Suche nach dem Namen aufgeben, fällt er uns kurze Zeit später wie von selbst ein. Betrachten wir dieses Phänomen näher und analysieren es, so stellen wir fest, daß es aus zwei aufeinander folgenden Vorgängen besteht. Der Ablauf läßt sich folgendermaßen beschreiben: Mitten in einer Unterhaltung unterbrechen Sie sich plötzlich und sagen: »Apropos! Heute morgen traf ich Frau ..., Frau ...« – Sie stocken, um den Namen auszusprechen. Dieses Zögern führt bei Ihnen unmittelbar zu der Vorstellung: »Ich habe den Namen vergessen.« Da jede Vorstellung, die wir uns machen, im Bereich des Möglichen zu einer Wirklichkeit wird, wird auch die Vorstellung »Ich habe den Namen vergessen« zu einer Wirklichkeit, und solange Sie diese Vorstellung haben, suchen Sie vergeblich nach dem Namen; er ist Ihnen entfallen.

In der Regel hören Sie damit nach kurzer Zeit auf und sagen sich: »Ach, er wird mir schon wieder einfallen.« In diesem Moment verschwindet die Vorstellung »Ich habe ihn vergessen«, nachdem sie wahr wurde, und wird ersetzt durch die Vorstellung: »Er wird mir schon wieder einfallen«, die nun ihrerseits wahr wird; und kurze Zeit später unterbrechen Sie sich erneut und rufen: »Ach, jetzt fällt es mir wieder ein, Frau X. heißt sie!«, und anschließend setzen Sie Ihre Unterhaltung fort.

Ein drittes Beispiel ist der Lachkrampf. Je mehr wir manchmal versuchen, uns das Lachen zu verbeißen, desto mehr lachen wir, und wir lachen um so heftiger, je mehr wir versuchen, uns zu beherrschen.

Je mehr jemand, der das Fahrradfahren lernt, dem Hindernis ausweichen will, auf das er zusteuert, desto direkter bewegt er sich auf es zu. Je mehr sich ein Stotterer vom Stottern abhalten will, desto mehr stottert er. Je mehr jemand sein Lampenfieber im Zaum halten will, desto schlimmer wird es.

In welcher Geistesverfassung befinden sich die Betroffenen in diesen unterschiedlichen Fällen: »*Ich will* schlafen, aber *ich kann nicht; ich will* mich an den Namen von Frau Soundso erinnern, aber *ich kann nicht; ich will* verhindern, daß ich lache, aber *ich kann nicht; ich will* dem Hindernis aus dem Weg gehen, aber *ich kann nicht; ich will* vermeiden, daß ich stottere, aber *ich kann nicht; ich will* mein Lampenfieber zügeln, aber *ich kann nicht*« usw.?

Wie Sie sehen, ist es immer »Ich kann nicht«, ist es immer die Vorstellungskraft, die über den Willen siegt. Wenn also die Vorstellungskraft in Konfliktfällen immer über den Willen siegt, dann ist die Vorstellungskraft die wichtigste Fähigkeit des Menschen, und nicht der Wille.

Dieser Umstand mag für Sie scheinbar keine große Bedeutung haben, da Sie ihn nicht kennen. Seine Bedeutung ist jedoch enorm! Wenn Sie ihn erst einmal kennen und von den daraus ableitbaren Konsequenzen profitieren können, werden Sie in der Lage sein, körperlich und seelisch Ihrer selbst mächtig zu werden.

Sie müssen außerdem auch wissen, daß jeder von uns aus zwei Wesen besteht, die sich sehr stark voneinander unterscheiden. Das erste ist das bewußte und willensstarke Wesen, das wir gut kennen und für dasjenige Wesen halten, das uns leitet. In der Tat denken wir ja fast alle, daß wir von unserem Willen, von unserem Bewußten gesteuert werden. Doch hinter diesem ersten Wesen befindet sich ein weiteres, das Unbewußte oder Unterbewußte, das wir nicht zur Kenntnis nehmen, und zwar aus dem Grund, daß wir es nicht kennen. Das ist sehr bedauerlich, denn eben dieses Unbewußte ist es, das uns in körperlicher wie auch in seelischer Hinsicht lenkt.

Da es immer gut ist, aufgestellte Behauptungen zu beweisen, möchte ich Ihnen sofort einen Beweis für das soeben Behauptete liefern. Wir alle haben in unserem Körper bestimmte Organe wie Herz, Magen, Leber, Nieren, Milz usw. Wer von uns ist in der Lage, das Arbeiten eines dieser Organe willentlich zu beeinflussen? Und dennoch arbeiten diese Organe kontinuierlich, sowohl tagsüber als auch nachts, wenn unser Bewußtes schläft (denn das Bewußte schläft zur gleichen Zeit wie der Körper). Wenn die Organe arbeiten, tun sie dies zwangsläufig unter dem Einfluß einer Kraft. Eben diese Kraft bezeichnen wir als das Unbewußte oder Unterbewußte. Nun, genau wie das Unbewußte das Funktionieren unseres körperlichen Wesens regelt, genauso steuert es auch das Funktionieren unseres seelischen Wesens.

Aus diesem zweiten Grundsatz ist folgende Schlußfolgerung zu ziehen: Wenn es das Unbewußte ist, das uns lenkt, und wenn wir lernen, es zu steuern, so werden wir dadurch lernen, uns selbst zu steuern.

Damit Sie diesen Grundsatz besser nachvollziehen können, möchte ich ihn mit einem Vergleich veranschaulichen. Stellen wir uns vor, daß wir in einem Wagen sitzen, vor den ein Pferd gespannt ist. Beim Einspannen hat man jedoch vergessen, dem Pferd Zügel anzulegen, was uns aber nicht daran hindert, dem Pferd trotzdem einen Peitschenhieb zu versetzen. Daraufhin setzt es sich natürlich in Bewegung, aber welche Richtung wird es einschlagen? Es liegt auf der Hand, daß es dorthin gehen wird, wo es will, vorwärts, nach rechts, nach links, rückwärts, ganz wie es ihm gefällt. Da das Pferd uns in dem kleinen Wagen hinter sich herzieht, führt es uns dorthin, wo es ihm gut scheint, und das meistens auf einem Weg voll Wagenspuren und Schlammlöchern mit mehr oder minder großen, tiefen und morastigen Gräben links und rechts, in die es uns schließlich hineinwirft. Wenn es uns aber gelingt, diesem Pferd Zügel anzulegen, werden die Rollen auf der Stelle vertauscht: Dank der Zügel können wir nun das Pferd dorthin lenken, wo es uns beliebt, und da es uns in dem kleinen Wagen hinter sich herzieht, lenken wir uns mit seiner Hilfe an jeden gewünschten Ort; und wenn wir uns dieses Mal auf einem schlechten Weg befinden, so liegt die Schuld dafür allein bei uns selbst, denn die Richtung, die das Pferd einschlug, bestimmten allein wir.

Meine Aufgabe besteht daher ganz einfach darin, Ihnen zu zeigen, wie man diesem bislang ungezügelten Pferd Zügel anlegen kann und wie wir uns mit Hilfe dieses Pferdes an jeden gewünschten Ort lenken können.

Das ist eine sehr einfache Sache, ich möchte sogar sagen, eine zu einfache Sache, um auf den ersten Blick verstanden zu werden.

Es passiert mir oft, daß ich meinen Zuhörern sage: Wenn ich Ihnen eine sehr komplizierte Sache darlegen würde, würden Sie mich wahrscheinlich viel besser verstehen, oder Sie würden mindestens glauben, mich besser zu verstehen, doch diese Sache ist so einfach, daß sie gerade aufgrund ihrer Einfachheit oft schwer zu begreifen ist.

Der Augenblick ist nun gekommen, einige Versuche durchzuführen, die Ihnen die Richtigkeit dieser Grundsätze vor Augen führen sollen[11]. Ich bitte daher einige von Ihnen, zu mir zu kommen, um mir bei der Durchführung dieser Versuche zu helfen (einige Personen steigen auf die Bühne). Bitte beachten Sie, daß bei diesen Versuchen nicht das eintritt, was ich sage, sondern das, was die betreffende Person im Sinn hat. Wenn sie richtig denkt – also so, wie ich sie zu denken bitte –, wird dieser Gedanke Wirklichkeit werden; aber wenn sie das Gegenteil denkt, wird das Gegenteil davon eintreten. Ich arbeite weder mit Hypnose noch mit Suggestion und will auch niemanden zwingen, bei diesem Versuch mitzumachen, sondern ich zeige Ihnen, wie man den Versuch macht, und das ist wirklich ein großer Unterschied. Kurz und gut, Sie sollten sich als Schüler und mich als Lehrer betrachten, der Ihnen beibringt, wie Sie die Autosuggestion, die Sie Ihr ganzes Leben lang unbewußt ausgeübt haben, von nun an bewußt ausführen können.

---

11 Siehe die Beschreibung dieser Versuche in *Autosuggestion,* Seiten 25–26.

Welches Ziel verfolge ich, indem ich Sie diese Versuche durchführen lasse? Ich möchte Ihnen ganz einfach zeigen, daß die Vorstellung, die wir im Sinn haben, für uns im Bereich des Möglichen zu einer Wirklichkeit wird und daß bei einem Konflikt zwischen Wille und Vorstellungskraft immer die Vorstellungskraft siegt.

Zu welchem Ergebnis der Versuch auch immer führen mag, ich habe immer recht, auch wenn ich scheinbar unrecht habe. Ich werde nun eine Person bitten, ihre Hände ineinander zu verschränken, so stark es geht, und dabei zu denken: »Ich will meine Hände lösen, aber ich kann nicht.« Wenn ich sehe, daß die Person ihre Hände um so stärker verschränkt, je mehr sie versucht, sie zu lösen, dann hat sie richtig »Ich kann nicht« gedacht, wie ich sie gebeten habe – und ich habe recht.

Wenn ich im Gegenteil sehe, daß sie die Hände löst, dann hat sie gedacht »Ich kann« – und ich habe ebenfalls recht. (Nun lasse ich verschiedene Personen die Hände verschränken, die Fäuste ballen, die Hände zusammenpressen, die Hände anspannen usw., wobei ich die Personen zu denken auffordere: »Ich will meine Hände lösen, aber ich kann nicht, ich will meine Faust öffnen, aber ich kann nicht, ich will meine Hände auseinander bekommen, aber ich kann nicht« usw.; diese Versuche gelingen fast immer.)

Wenn ich vor Ihnen diese negativen Versuche durchführe[12], so möchte ich Ihnen damit zeigen, was Sie nicht tun sollten und womit Sie dennoch einen Großteil Ihres Lebens verbringen. Alle hier Anwesenden mit Ausnahme einer Person (ich sage immer »mit Ausnahme einer Person«, damit sich jeder Zuhörer sagen kann: »Diese Person bin ich«) verwenden mindestens einmal am Tag einen der folgenden Ausdrücke: schwierig, unmöglich, ich kann nicht, ich komme nicht dagegen an, ich kann nicht anders usw.

---

12 Fußnote von Coué: Ich ziehe diese zunächst negativen, dann positiven Versuche den rein positiven Versuchen, etwa dem Chevreulschen Pendel, bei weitem vor, denn letztere beweisen nur das erste Gesetz (jede Vorstellung, die wir uns machen, wird für uns im Bereich des Möglichen zu einer Wirklichkeit), während die negativ-positiven Versuche beide Gesetze verdeutlichen: 1. Jede Vorstellung, die wir … usw., und 2. Je mehr wir etwas tun wollen und uns dabei einreden, daß wir es nicht tun können, desto mehr tun wir das Gegenteil dessen, was wir tun wollen (Gesetz der das Gegenteil bewirkenden Anstrengung).

Wenn Sie auf mich hören wollen – verwenden Sie niemals auch nur einen dieser Ausdrücke, denn wenn Sie einen verwenden, denken Sie ihn auch, und wenn Sie ihn denken, wird er zu einer Wirklichkeit, so daß die einfachste Sache der Welt letztlich zu einer Unmöglichkeit wird.

Sie alle, dieses Mal ohne Ausnahme, Sie alle haben auf Ihrem Lebensweg bereits Opfer einer solchen Autosuggestion angetroffen. Sie alle haben schon Menschen gesehen, die ihre Hand nicht öffnen oder schließen konnten oder die ein steifes Bein hatten, als wäre es aus Holz. Nun, ich kann Ihnen versichern, daß von hundert Menschen, die die von ihnen gewünschten Bewegungen nicht ausführen können, mindestens achtzig dies nur deshalb nicht können, weil sie denken, sie könnten es nicht. Dieser Zustand wird sich auch ihr Leben lang nicht ändern, es sei denn, sie begegnen auf ihrem Weg einmal jemandem, der sie denken lehrt: »Ich kann.«

Daraus folgern wir: Denken Sie immer »Ich kann« und niemals »Ich kann nicht«.

Ziehen Sie aus diesem Ratschlag Nutzen: Sie glauben gar nicht, welch mächtiges Werkzeug diese beiden einfachen Worte »Ich kann« sind.

Und da ich schon dabei bin, Ihnen Ratschläge zu erteilen, werde ich Ihnen noch einen weiteren geben, der es Ihnen erlauben wird, viele Dinge zu tun, ohne dabei zu ermüden oder sich zu verausgaben.

Es ist folgender Ratschlag: Wenn Sie etwas tun müssen, stellen Sie sich sofort die Frage: Ist es möglich oder nicht? Antwortet Ihnen Ihre Vernunft mit »Nein«, versuchen Sie nicht, es zu tun, denn Sie würden sich vergeblich mühen. Antwortet Ihnen Ihre Vernunft dagegen mit »Ja«, sagen Sie sich sofort: »Es ist einfach.« Was geschieht dann? Wenn Sie Ihr Vorhaben für einfach halten, wird es auch in Wirklichkeit einfach sein, und Sie verbrauchen nur die dafür notwendige Menge Ihrer Kraft. Wenn zum Beispiel zehn Centimes Ihrer Kraft dafür notwendig sind, werden Sie nicht elf Centimes dafür aufwenden. Wenn Sie Ihr Vorhaben aber im Gegenteil für zwanzig- oder vierzigmal schwieriger halten, als es in Wirklichkeit ist, werden Sie anstelle der zehn Centimes wie vorhin nun zwei oder vier Francs Ihrer Kraft aufwenden. Wenn Sie also alles, was Sie zu tun haben, für schwierig halten, werden Sie sich schnell verausgaben. Betrachten Sie dagegen

Ihre Aufgabe als einfach, werden Sie abends nicht müder sein als morgens. Dazu möchte ich Ihnen einen Vergleich anführen, den ich bereits in der »*Autosuggestion*«[13] erwähnt habe.

Jeder von uns kann mit einem Becken verglichen werden, das oben einen Hahn zum Füllen und unten einen Ablaufhahn mit etwas größerem Durchmesser hat. Öffnet man beide Hähne, entleert sich das Becken allmählich vollständig.

Achtet man aber darauf, daß der untere Hahn geschlossen bleibt, so füllt sich das Becken nach und nach, und wenn es voll ist, läuft genau die Menge an Flüssigkeit über, die durch den oberen Hahn hineinfließt. Das Geheimnis, sich nicht zu verausgaben, besteht nun darin, den unteren Hahn stets geschlossen zu halten und nur die Menge an Kraft aufzuwenden, die überläuft. Diese Menge genügt uns, wenn wir mit ihr haushalten können und sie nicht verschwenden – mit anderen Worten: wenn wir uns nicht abmühen.

Denken Sie daran, daß die besten Arbeiter diejenigen sind, die sich nicht anstrengen. Die Arbeit scheint ihnen wie von selbst von der Hand

---

13 Siehe: *Autosuggestion,* Seite 85.

zu gehen. Diese Arbeiter arbeiten viel, ihre Arbeit ist gut, und am Ende des Tages sind sie nicht müde.

Der mittelmäßige Arbeiter dagegen leistet weniger als die vorigen, obwohl er durchaus guten Willens ist und sich bemüht. Seine Arbeit ist weniger gut, und nach Feierabend ist er vor Müdigkeit ganz erschöpft.

Verrichten Sie Ihre Arbeit deshalb immer ruhig und ohne Kraftanstrengung. Tun Sie es dem Ochsen gleich, der nichts zu tun scheint und dennoch am Ende des Tages mühelos ein beträchtliches Stück Arbeit geleistet hat.

Ich selbst halte mich an diesen Grundsatz und konnte deswegen trotz meiner achtundsechzig Jahre im März und April 1925 ohne Anstrengung eine fünfunddreißigtägige Reise durch die Schweiz unternehmen, in deren Verlauf ich zweiunddreißig Städte besuchte und etwa einhundert Sitzungen und Vorträge von jeweils ungefähr zweistündiger Dauer hielt.

Wie Sie wissen, wird ein Bauer, der beabsichtigt, seinen Acker zu besäen, diesen vorher umpflügen. Warum? Weil er weiß, daß nur wenige Samenkörner keimen würden, wenn er diese

Maßnahme unterließe; wenn er dagegen die Erde umpflügt, werden fast alle keimen.

Ich mache es wie der Bauer. Ich betrachte all jene, die mich aufsuchen, als unbestellte Felder; und ich bestelle sie, indem ich ihnen die Erklärungen gebe, die ich auch Ihnen eingangs gegeben habe. Danach führe ich mit ihnen die Versuche durch, die Sie soeben gesehen haben. Ein einziger Versuch genügt, denn hat man einen gemacht, kann man hundert machen. Bei allem, im Guten wie im Bösen, ist es stets nur der erste Schritt, der Überwindung kostet. Sind die Felder dieser Menschen erst einmal bestellt, wird das Korn in ihnen ganz gewiß keimen, und ich streue diese Saat aus, indem ich die folgenden Worte, die allen Menschen zugute kommen, an Sie richte:

Ich werde Sie nun bitten, die Augen zu schließen, meinen Worten zuzuhören und sie erst wieder zu öffnen, wenn ich Sie darum bitte: »Schließen Sie nun die Augen, und sagen Sie sich, daß alle Worte, die ich jetzt spreche, sich in Ihrem Geist festsetzen, sich ihm eingravieren und einprägen werden und daß sie darin immer festgesetzt, eingraviert und eingeprägt bleiben. Ihr

Organismus und Sie selbst werden diesen Worten gehorchen, ohne es zu wollen und ohne es zu wissen, auf eine Ihnen völlig unbewußte Art und Weise. Da all diese Worte einzig und allein in Ihrem Interesse gesprochen werden, müssen Sie sie annehmen, sie zu Ihren Worten machen und sie in Autosuggestionen umwandeln. Dank dieser Autosuggestionen werden Sie sich allmählich sowohl in körperlicher als auch in seelischer Hinsicht nicht nur einer guten, sondern mehr noch einer ausgezeichneten Gesundheit erfreuen, die viel besser ist als Ihre bisherige Gesundheit.

Ich sage Ihnen zunächst, daß von nun an all Ihre körperlichen Funktionen immer besser arbeiten werden, insbesondere die Funktionen des Verdauungsapparates, die mit Abstand die wichtigsten sind. Sie werden daher regelmäßig dreimal täglich, morgens, mittags und abends, pünktlich zu den Mahlzeiten Hunger haben. Damit meine ich nicht den Heißhunger, jenen krankhaften und schmerzhaften Hunger, der bewirkt, daß man sich auf das Essen stürzt wie ein Hund oder eine Katze auf Fleisch. Nein, der Hunger, den Sie haben werden, ist jenes angenehme Gefühl, das Sie denken und sagen läßt: »Ah! Wie sehr ich mich aufs Essen freue!« Unter diesen Umständen werden Sie mit Freude, ja sogar mit großer Freude essen, aber nicht zuviel. Sie werden vor allem darauf achten, daß Sie Ihr Essen richtig kauen. Auf diesen Punkt lege ich großen Wert, denn kaum jemand ißt richtig. Im allgemeinen nimmt man die Nahrung in den Mund, zerkleinert sie mit zwei oder drei Bissen, schlingt sie hinunter und bildet sich ein, gegessen zu haben. Doch davon kann keine Rede sein. Essen bedeutet, Nahrung in den Mund zu führen und sie lange und langsam zu zerkauen, bis daraus ein weicher Brei wird, den man dann hinunterschluckt.

Unter diesen Umständen wird Ihre Verdauung immer besser arbeiten, und Sie werden in Ihrem Magen und Darm immer seltener ein Gefühl der Beklemmung, des Unwohlseins oder gar des Schmerzes empfinden, wie Sie es manchmal in der Vergangenheit verspürt hatten.

Falls Sie eine Magenerweiterung haben, werden Sie feststellen, daß diese allmählich zurückgeht. Nach und nach wird Ihr Magen seine verlorengegangene Kraft und Elastizität wiedergewinnen, und in dem Maße, wie er diese Kraft und Elastizität wiedererlangt, wird er sich wieder seiner ursprünglichen Größe annähern, und er wird die Bewegungen, die zur Beförderung der in ihm enthaltenen Nahrung in den Darm notwendig sind, immer leichter ausführen. Dies führt zu einer besseren Verdauung in Magen und Darm.

Dasselbe geschieht, wenn Sie an Dünndarmentzündung leiden. Sie werden feststellen, daß diese zurückgeht. Die Darmentzündung wird allmählich ganz weggehen, und Sie werden immer weniger Schleim und Häutchen ausscheiden, bis diese Beschwerden eines Tages völlig verschwunden sind und die Heilung eingetreten ist.

Wenn Ihre Verdauung wiederhergestellt ist, wird Ihr Körper natürlich auch die aufgenommenen Nährstoffe wieder besser resorbieren können. Ihr Organismus wird alle Nahrungsmittel, die Sie ihm zuführen, zu Ihrem Vorteil verwerten und in Blut, Muskeln, Kraft, Energie, mit einem Wort in Leben, umwandeln; Sie fühlen sich infolgedessen jeden Tag kräftiger und widerstandsfähiger. Das Gefühl von Müdigkeit und Schwäche, daß Sie vorher empfunden hatten, wird allmählich weggehen und einem Gefühl der Stärke und Widerstandskraft weichen, das mit jedem Tag größer wird.

Wenn Sie also an Blutarmut leiden, werden Sie jeden Tag einen Rückgang Ihres Leidens feststellen. Ihr Blut wird immer reichhaltiger, roter, ergiebiger, und es nimmt immer mehr die Eigenschaften an, die das Blut eines gesunden Menschen auszeichnen. So wird Ihre Blutarmut langsam zurückgehen, und mit ihr verschwinden die unangenehmen Begleiterscheinungen, die sie stets nach sich zieht.

Unter diesen Umständen wird auch Ihre Ausscheidung immer besser arbeiten: Auf ihr einwandfreies Funktionieren lege ich besonderen Wert, denn sie ist die *conditio sine qua non*[14] einer guten Gesundheit. Sie werden also jeden Morgen beim Aufstehen oder genau zwanzig Minuten nach Ihrem Frühstück das gewünschte Resultat erhalten, ohne daß Sie irgendwelche Medikamente einnehmen oder auf irgendein anderes Hilfsmittel zurückgreifen müßten.

Außerdem sage ich (und damit richte ich mich an die Damen), daß die monatliche Regel gleichmäßig alle achtundzwanzig Tage einsetzen sollte, und nicht etwa alle dreißig Tage, wie oft irrtüm-

---

14 Bedingung, die erfüllt sein muß.

lich angenommen wird. Sie sollte vier Tage dauern, nicht länger und nicht kürzer, und weder zu stark noch zu schwach sein. Weder vorher noch währenddessen sollten Sie in der Hüftgegend, im Unterleib, im Kopf oder sonst irgendwo Beschwerden haben. Kurz und gut, die Regel ist eine natürliche Funktion und sollte sich daher auch auf natürliche Weise vollziehen, also ohne daß Sie in irgendeiner Form daran zu leiden hätten.

Ergänzen möchte ich noch, daß Sie heute abend, morgen abend und an allen kommenden Abenden, sobald Sie einschlafen möchten, auch einschlafen werden und bis zu der Zeit, zu der Sie am nächsten Morgen aufwachen möchten, tief, ruhig und friedlich schlafen und sich beim Aufwachen ausgezeichnet, bestens gelaunt und völlig ausgeruht fühlen werden.

Wenn Sie ferner unter einer gewissen Nervosität leiden, werden Sie feststellen, daß diese allmählich verschwindet und in dem Maße, wie sie nachläßt, durch ein Gefühl der Ruhe, sehr großer Ruhe, ersetzt wird. Dadurch werden Sie sowohl in körperlicher als auch in seelischer Hinsicht immer mehr Meister über sich selber, und Sie werden es sich nicht mehr erlauben, Krankheitssymptome so häufig und so intensiv zu empfinden, wie dies vielleicht früher der Fall war.

Wenn Sie aber schließlich und insbesondere – und dies ist für alle von wesentlicher Bedeutung – sich selbst gegenüber bislang ein gewisses Mißtrauen verspürt haben, so wird dieses Mißtrauen ab diesem Augenblick allmählich weichen, und in dem Maße, wie es weicht, werden Sie Vertrauen in sich selbst schöpfen. Sie werden Selbstvertrauen gewinnen – verstehen Sie mich? – Sie werden Selbstvertrauen gewinnen – ich wiederhole es –, und dieses Vertrauen, das Sie in sich selbst gewinnen, gibt Ihnen die Sicherheit, daß Sie dazu fähig sind, alles, was Sie tun möchten – vorausgesetzt, es ist vernünftig –, und alles, was zu tun Ihre Pflicht ist, nicht nur gut, sondern sogar sehr gut auszuführen. Wann immer Sie also etwas Vernünftiges tun wollen, etwas Vernünftiges erreichen wollen, wann immer Sie etwas tun müssen, das zu tun Ihre Pflicht ist: Gehen Sie immer von dem Grundsatz aus, daß diese Aufgabe leicht ist, wenn sie denn möglich ist, und daß demzufolge die Ausdrücke »schwierig, unmöglich, ich kann nicht, ich komme nicht dagegen an, ich kann nicht anders usw.« vollkommen aus Ihrem Wortschatz verschwinden. Diese Worte sind nicht deutsch – verstehen Sie mich gut! –, sie sind nicht deutsch; auf deutsch sagt man: »Das ist einfach, und ich kann« und vollbringt damit wahre Wunder. Sie werden also künftig alles, was Sie zu tun haben, als leicht betrachten, wenn es denn möglich ist. Unter diesen Umständen wird die Aufgabe für Sie leicht, während sie anderen Menschen schwierig oder gar unmöglich erscheinen mag, und Sie erledigen sie schnell, Sie erledigen sie gut, Sie erledigen sie auch, ohne zu ermüden, denn Sie werden sie ja ohne Mühe lösen. Dagegen würde die Aufgabe schwer oder gar unmöglich für Sie, wenn Sie sie so eingeschätzt hätten.

Denjenigen unter Ihnen, die an Schmerzen leiden, sage ich: Von diesem Augenblick an, unter dem Einfluß der Autosuggestion, die ich Sie anwenden lehre, wird Ihr Unbewußtes dafür sorgen, daß die Ursache dieser Beschwerden, deren Namen von geringer Bedeutung sind, nach und nach im Rahmen des Möglichen verschwindet. Da die Ursache verschwindet, verschwinden natürlich im gleichen Maße auch die Schmerzen; und wenn die Ursache vollkommen verschwunden ist, werden auch die Schmerzen nicht wiederkehren, und die Heilung wird eintreten. Ist die Ursache jedoch organischen Ursprungs, kann sie nur allmählich verschwinden. Unter diesen Umständen werden die Schmerzen von Zeit zu Zeit wieder auftreten. Nun, jedesmal wenn Sie wieder Schmerzen verspüren, bitte ich Sie, ihnen unverzüglich den Garaus zu machen, indem Sie die Methode, die ich Ihnen gleich erklären werde, anwenden; eine Methode übrigens, die man gegen seelische Leiden genauso wirksam einsetzen kann wie gegen körperliche Beschwerden.

Ich richte mich also in diesem Augenblick an Sie alle und sage Ihnen allen: Wenn der eine oder andere von Ihnen einmal ein körperliches oder seelisches Leiden empfindet, das ihm zu schaffen macht, so sollten Sie dies nicht einfach feststellen, daran leiden und sich beklagen. Beweisen Sie sich statt dessen selbst, daß Sie das Leiden beseitigen können, beweisen Sie es sich auf eine sehr einfache, aber sehr kategorische Art, indem Sie sich sagen: Ich werde dieses Leiden beseitigen. Das ist einfach, aber gleichzeitig kategorisch. Ziehen Sie sich also, wenn möglich, zurück (das ist nicht unbedingt notwendig, denn man kann sich an jedem x-beliebigen Ort innerlich zurückziehen); setzen Sie sich, schließen Sie die Augen, streichen Sie sich leicht mit der Hand über die schmerzende Stelle, falls es sich um ein körperliches Leiden, oder über die Stirn, falls es sich um ein seelisches Leiden handelt, und sprechen Sie dabei wiederholt mit den Lippen, sehr schnell und laut genug, damit Sie sich selbst hören können, die Formel: »Es geht vorüber, es geht vorüber usw.« Dabei ist es wesentlich, daß Sie die Worte »Es geht vorüber, es geht vorüber usw.« so schnell sprechen, daß zwischen zwei Wiederholungen nicht der geringste Raum bleibt, in den die gegenteilige Vorstellung eindringen könnte. Sie zwingen sich auf diese Weise zu der Vorstellung, daß es vorübergeht, und da jede Vorstellung, die wir in uns tragen, zu einer Wirklichkeit für uns wird, geht es auch wirklich vorüber. Wenn der Schmerz wiederkehrt, verjagen Sie ihn erneut, und beginnen Sie so oft wieder von vorne, wie es notwendig ist. Sollten Sie diese Methode jeden Tag fünfzig-, hundert-, zweihundertmal oder noch häufiger wiederholen müssen, so tun Sie dies. Behandeln

Sie den Schmerz, wie Sie eine Fliege behandeln, die die Frechheit besitzt, auf Ihrem Gesicht spazierenzugehen. Was tun Sie in diesem Fall? Sie verjagen sie. Wenn Sie wiederkommt, verjagen Sie sie erneut, und genauso reagieren Sie bei jedem neuen Angriff. Nun, ich sage es Ihnen nochmals, behandeln Sie Ihr Leiden genauso. Sie werden dabei feststellen: Je konsequenter Sie diese Methode anwenden, desto seltener werden Sie auf sie zurückgreifen müssen. Wenn Sie diese Methode beispielsweise heute fünfzigmal angewandt haben, werden es morgen nur noch achtundvierzigmal sein, übermorgen sechsundvierzigmal und so weiter, bis Sie die Methode nach einiger Zeit überhaupt nicht mehr anzuwenden brauchen, weil dafür keine Notwendigkeit mehr besteht.

Allen, die von traurigen Gedanken, finsteren Gedanken, quälenden Gedanken, von Angst, Furcht und Phobien bedrängt, verfolgt und heimgesucht werden, sage ich: »Nach und nach werden Sie feststellen, daß diese Gedanken, diese Ängste, diese Phobien in Ihrem Geist immer seltener aufkommen werden, daß sie immer weniger stark und immer weniger hartnäckig sein werden, daß sie sich immer weniger beharrlich an Ihnen festklammern. Verjagen Sie diese Gedanken und Ängste sofort, indem Sie die Methode anwenden: »Es geht vorüber, es geht vorüber usw. ...«

Denjenigen, die ein nervöses Leiden haben, sage ich: »Nach und nach, unter dem Einfluß der Autosuggestion, die ich Ihnen beibringe, wird Ihre Nervosität zurückgehen, und mit ihr werden auch ihre begleitenden Symptome verschwinden. Selbst wenn Sie an Nervenkrisen leiden, sollte es Ihnen gelingen, sich davon vollkommen zu befreien.«

Von nun an werden Sie von diesen Krisen nicht mehr wie bislang überrascht werden: Jedesmal, wenn sich eine Krise ankündigt, werden einige Symptome auftreten, die Sie davor warnen, daß die Krise ausbrechen will; doch diese Symptome beängstigen Sie nicht im geringsten, weil Sie zur gleichen Zeit, in der Sie die Symptome spüren, eine Stimme in Ihrem Inneren hören, nämlich meine Stimme, die Ihnen blitzschnell zuruft: »Nein, mein Herr, nein, meine Dame, nein, mein Fräulein, Sie werden diese Krise nicht bekommen: Sie verschwindet, sie ist schon verschwunden.« Und so wird die Krise verschwunden sein, noch bevor sie überhaupt in Erscheinung tritt.

Dasselbe gilt für andere Beschwerden.

Wenn Sie ein Organ oder mehrere Organe haben, die mehr oder minder unzulänglich arbeiten, so gilt im allgemeinen, daß dieses Organ oder diese Organe wieder besser arbeiten werden, und wenn sie allmählich wieder normal arbeiten, wird die Heilung erzielt sein.

Ich werde jetzt bis drei zählen. Wenn ich »drei« sage, werden Sie die Augen öffnen und sich völlig gesund, fröhlich und ausgeruht fühlen. »Eins, zwei, drei!« Bei »drei« öffnen alle die Augen und schauen einander im allgemeinen lächelnd an.

Abschließend sage ich zu meinen Zuhörern: »Jetzt, da ich meinen Teil getan habe, sind Sie an der Reihe, den Ihren zu tun, und das ist der wichtigste. Sie wissen nun also, was Sie zu tun haben, solange Sie leben – ich wiederhole es: solange Sie leben –, denn die Suggestion, die ich Ihnen anzuwenden empfehle, dürfen Sie nicht nur einen Tag, eine Woche, einen Monat oder ein Jahr lang ausüben, sondern Sie müssen sie Ihr ganzes Leben lang anwenden und dabei die Anweisungen, die ich Ihnen geben werde, sehr genau befolgen. Doch zum besseren Verständnis der Anweisungen möchte ich vorher noch einige Erläuterungen einschieben.

Wie ich Ihnen eingangs sagte, verbringen wir unser ganzes Leben damit, unbewußte und meist negative Autosuggestion zu betreiben. Indem wir nun morgens und abends bewußte und positive Autosuggestion ausüben, zerstören wir das Negative, das wir uns vielleicht während der vorangegangenen zwölf Stunden durch unbewußte und negative Suggestion zugefügt haben. Kurz und gut, Sie sollten diese Suggestion als eine Art seelische Nahrung betrachten, die mindestens genauso notwendig, wenn nicht noch unentbehrlicher ist als die körperliche Nahrung, die Sie tagtäglich zu sich nehmen, oft ohne Appetit und unter dem Vorwand, daß man essen muß, um zu leben. Selbst diejenigen, die sich guter Gesundheit erfreuen, sollten diese Autosuggestion ausüben, denn sie wirkt sich nicht nur auf Gegenwärtiges, sondern auch auf Zukünftiges aus: Sie verhindert, daß gesundheitliche Probleme überhaupt auftreten, und dies ist einfacher, als sie zu heilen, wenn sie einmal da sind.

Ein Beispiel: Wieviel Zeit braucht man, um sich ein Bein zu brechen? Sehr wenig, nicht wahr? Sie gehen in aller Ruhe auf dem Gehweg entlang, treten mit dem Fuß auf eine Orangenschale, rutschen aus, stürzen und brechen sich ein Bein. Eine Sekunde genügt, um zu diesem schönen Ergebnis zu kommen.

Wieviel Zeit braucht man, um den Schaden wieder zu beheben? Selbst mit Hilfe der Autosuggestion, die gewiß die Heilung beschleunigt, wird man mehrere Wochen im Bett bleiben müssen. Nun, es ist doch eine Binsenweisheit: Hätte man sich das Bein nicht gebrochen, brauchte man den Schaden auch nicht zu beheben.

Stellen Sie sich daher vor, daß Sie jedesmal, wenn Sie eine positive Autosuggestion ausüben, eine Orangen- oder Bananenschale aus Ihrem Weg räumen und sich so in körperlicher oder seelischer Hinsicht einen Beinbruch ersparen.

Ein anderer Vergleich: So reich man auch ist, man kann immer noch reicher werden. Nehmen wir an, Sie hätten ein Vermögen von mehreren Millionen Dollar, dann wären Sie sehr reich, nicht wahr? Gäbe man Ihnen aber noch weitere ein oder zwei Millionen dazu, wären Sie offenkundig noch reicher.

Wenn Sie sich also gesundheitlich wohl fühlen, verfügen Sie über ein großes Gesundheitskapital, und indem Sie die von mir empfohlene Autosuggestion betreiben, vergrößern Sie dieses Gesundheitskapital, so wie andere ihr Geldkapital vergrößern. Und seien Sie versichert, daß es so besser ist, denn Ihr Geldkapital mag noch so groß sein – ohne ein Gesundheitskapital werden Sie es nicht genießen können.

Schließen Sie deshalb, solange Sie leben, jeden Morgen beim Aufwachen und jeden Abend nach dem Zubettgehen die Augen, und sprechen Sie zwanzigmal hintereinander mit den Lippen, so laut, daß Sie Ihre eigenen Worte hören können – ohne dabei Ihre Aufmerksamkeit auf irgend etwas anderes zu lenken und indem Sie auf einer Schnur mechanisch zwanzig Knoten abzählen (es können auch neunzehn oder einundzwanzig Knoten sein; ich bestehe nicht auf der Zahl Zwanzig) –, die folgende Formel: »Es geht mir mit jedem Tag in jeder Hinsicht immer besser und besser.«

Es ist gewiß hilfreich, an das zu denken, was

man sagt, doch unbedingt notwendig ist es nicht. Wenn wir bewußt an etwas denken, ist es nämlich unsicher, ob das Unbewußte dasselbe denkt, denn das Bewußte und das Unbewußte können gleichzeitig sehr unterschiedlich arbeiten. Nehmen wir beispielsweise an, daß Sie alle und ich selbst ganz in das vertieft wären, was ich sage. Es ist sehr gut möglich, daß hundert Meter von uns entfernt eine Drehorgel eine uns unbekannte Melodie spielt. Diese Melodie hören wir alle, aber es ist uns nicht bewußt, daß wir sie hören, und beim Gehen werden einige von uns die Melodie vor sich hin summen, ganz erstaunt darüber, daß sie eine Melodie singen, die sie noch nie gehört zu haben glauben. Was ist geschehen? Während unser Bewußtes mit dem, was ich sage, beschäftigt war, drang die Melodie über unsere Ohren automatisch in unser Unbewußtes ein, wo es sich festsetzte. Genauso verhält es sich bei der Anwendung der Autosuggestion. Obwohl unser Bewußtes vielleicht an irgend etwas anderes denkt, dringt die Formel – wenn sie unsere Lippen mechanisch und laut genug sprechen, damit wir sie hören – über das Gehör in unser Unbewußtes hinein, setzt sich dort fest und bestimmt sein Handeln.

Früher forderte ich meine Patienten immer auf, Vertrauen zu haben und an ihre Heilung zu glauben. Heute bitte ich sie nicht mehr darum. Ich will nicht behaupten, daß das Vertrauen und der Glaube nichts bewirken würden, ganz im Gegenteil, sie allein können sogar die Heilung herbeiführen. Sie sind allerdings ebensowenig unentbehrlich wie die Aufmerksamkeit.

Der folgende Vergleich soll Ihnen die Gründe dafür deutlich machen. Nehmen wir an, eine Person wüßte überhaupt nicht, was ein Revolver ist. Ich gebe ihr einen Revolver in die Hand und sage: »Geben Sie acht, drücken Sie nicht auf dieses kleine Stück Eisen (ich zeige auf den Abzug), sonst kommt es zu einer Explosion, die für Sie selbst oder für einen Ihrer Nachbarn tödlich sein kann.« Ob mir die Person glaubt oder nicht, ist von geringer Bedeutung: Drückt sie auf den Abzug, wird sich der Schuß jedenfalls lösen.

Das gleiche gilt für die Autosuggestion. Drückt man auf den Abzug, oder anders gesagt, wiederholt die Person die von mir empfohlene Formel genau nach meinen Anweisungen, löst sich der Schuß, das heißt, die Autosuggestion tritt ein und entfaltet ihre Wirkung.

Wenn man den kleinen Satz »Es geht mir mit jedem Tag in jeder Hinsicht immer besser und besser« zum ersten Mal hört, ist einem eher zum Lachen zumute; man findet ihn etwas kindisch und lächerlich. Wenn man ihn jedoch an den Erfolgen mißt, die er jeden Tag erreichen kann und auch erreicht, ist er weder das eine noch das andere. In seiner Einfachheit enthält dieser Satz zudem drei Worte von enormer Bedeutung, und zwar die Worte »in jeder Hinsicht«. Was bedeutet das? Es bedeutet alles, absolut alles, alles Körperliche, alles Seelische, alles, woran man denkt, und sogar alles, woran man nicht denkt, denn wenn wir nicht bewußt an etwas denken, so übernimmt es unser Unbewußtes für uns, daran zu denken.

Da sie sich auf alles bezieht, ist dies eine allgemeine Formel, und weil sie allgemein ist, schließt sie in sich alle besonderen Formeln ein, die jeder für sich selbst für notwendig erachtet; denn in seinem Egoismus sagt sich ein jeder: »Ich bin ein besonderer Fall, und für einen besonderen Fall brauche ich eine besondere Formel.« Das ist unnötig, völlig unnötig. Da jede besondere Formel *per definitionem* bereits in der allgemeinen Formel »Es geht mir mit jedem Tag in jeder

Hinsicht immer besser und besser« enthalten ist, ist diese Formel für alle Fälle, welche es auch immer sein mögen, ausreichend. Ich will nicht behaupten, daß Sie mit dieser Formel alles heilen werden, nein; aber Sie werden alles heilen können, was heilbar ist, und das ist ein sehr weites Feld.

Ausdrücklich betonen möchte ich jedoch noch den folgenden Punkt, da er wesentlich ist: Diese Suggestion muß so einfach, so kindlich, so mechanisch wie möglich und vor allem ohne jegliche Anstrengung ausgeführt werden. (Gerade an diesem Punkt scheitern in der Regel jene, die durch die Ausübung der Autosuggestion nicht die Erfolge erzielen, die sie normalerweise erzielen müßten. Um sich ihren glühenden Wunsch nach einem Ende ihrer Leiden zu erfüllen, betreiben sie die Autosuggestion mit Kraftaufwand, Eifer und Entschlossenheit. Dies ist unbedingt zu vermeiden.)

Wie Sie sich sicherlich erinnern, sagte ich Ihnen eingangs, daß die Autosuggestion ein Werkzeug sei. Nun müssen Sie aber wissen, daß die Ergebnisse, die man mit diesem Werkzeug erzielt, weniger von dem Werkzeug selbst abhängen als von der Art und Weise, wie man es einsetzt. Geben Sie beispielsweise jemandem ein Gewehr in die Hand, der damit keine Erfahrungen hat, und lassen Sie ihn auf eine zweihundert Meter entfernte Zielscheibe schießen, so wird wahrscheinlich keine einzige Kugel das Ziel treffen. Geben Sie das Gewehr dagegen einer anderen Person, treffen alle Kugeln, oder fast alle, ins Schwarze. Warum diese unterschiedlichen Ergebnisse? Weil sich die erste Person nicht mit Waffen auskannte, die zweite dagegen ein geübter Schütze war.

Dasselbe gilt für die Autosuggestion: Wird sie richtig angewandt, führt sie zu guten Ergebnissen, andernfalls nicht. Mit einem Wort, diese Formel muß in langsamem und monotonem Tonfall wie beim Beten einer Litanei aufgesagt werden.

Früher riet ich meinen Patienten, ihre Aufmerksamkeit auf das zu richten, was sie sagten, nachdem sie versucht hatten, sich zu entspannen. Heute rate ich nicht mehr dazu, da ich festgestellt habe – vielleicht haben auch Sie das an sich selbst bemerkt –, daß man sich in der Regel um so mehr verspannt, je mehr man sich entspannen will, und daß die Aufmerksamkeit um so eher abschweift, je mehr man sie auf einen bestimmten Punkt zu fixieren versucht. Durch wiederholtes Aufsagen der Formel in der von mir empfohlenen Weise erhalten Sie, ohne sich darum zu bemühen, die Aufmerksamkeit und die Entspannung, die Sie suchten, aber nicht fanden.

Durch die Wiederholung gelingt es Ihnen, über Ihre Ohren den Satz, der ja eine Vorstellung ist, automatisch in Ihr Unbewußtes eindringen zu lassen: »Es geht mir mit jedem Tag in jeder Hinsicht immer besser und besser.«

Aufgrund der Erklärungen, die ich Ihnen gegeben, und der Versuche, die ich mit Ihnen durchgeführt habe, konnten Sie sehen, daß jede Vorstellung, die wir uns in den Geist setzen, zu einer Wirklichkeit für uns wird. Wenn Sie sich also in den Geist (in das Unbewußte) die Formel setzen: »Es geht mir mit jedem Tag in jeder Hinsicht immer besser und besser«, so wird es Ihnen zwangsläufig mit jedem Tag in jeder Hinsicht immer besser- und bessergehen. Es kann gar nicht anders sein.

Wenn manche Menschen dennoch weiterhin andere Suggestionen betreiben, wie zum Beispiel diese: »Es geht mir mit jedem Tag in jeder Hinsicht immer schlechter und schlechter usw.« (es gibt Menschen, die ihr ganzes Leben lang diese Suggestion ausüben), dann wird es ihnen zwangsläufig jeden Tag immer schlechtergehen – das ist ganz unvermeidlich.

Doch sie dürfen die Schuld daran weder mir noch meiner Methode geben, sondern sie müssen sich selbst zur Rechenschaft ziehen, sich selbst an die Brust schlagen und sich sagen: »Das ist mein Fehler, das ist mein eigener großer Fehler.«

Abschließend möchte ich noch denjenigen Eltern, die ihre Kinder bessern möchten, also allen Eltern, den Ratschlag geben, Suggestionen mit ihren Kindern durchzuführen, während sie schlafen. Dabei sollten Sie folgendermaßen vorgehen: Gehen Sie jede Nacht, wenn das Kind eingeschlafen ist, leise in sein Zimmer, bleiben Sie etwa einen Meter von seinem Kopf entfernt stehen, und wiederholen Sie zwanzig- oder fünfundzwanzigmal nacheinander mit sehr leiser Stimme in einer Art Murmeln das, was Sie bei Ihrem Kind erreichen möchten.

Mit etwas Ausdauer erzielt man auf diese Weise oft die bemerkenswertesten Ergebnisse, wo alle anderen Mittel versagt haben. So läßt sich etwa das nächtliche Bettnässen, das Los der zarten Kindheit, mit dieser Methode leicht beheben.

Wenn das Kind Nägel kaut, Daumen lutscht, Grimassen schneidet; wenn es jähzornig, faul, unfolgsam usw. ist, so wird es diese Fehler auf natürliche Weise mehr oder minder schnell ablegen.

Doch dafür braucht man, wie für alles, viel Geduld und Ausdauer.

Hinweise zur Ausübung der bewußten Autosuggestion

Jeden Morgen nach dem Aufwachen und jeden Abend nach dem Zubettgehen schließe man die Augen und spreche mit den Lippen, ohne daß man sich auf das, was man sagt, zu konzentrieren versucht, laut genug, um sich selbst zu hören, und indem man eine mit zwanzig Knoten versehene Schnur abzählt, zwanzigmal den folgenden Satz: »Es geht mir mit jedem Tag in jeder Hinsicht immer besser und besser!« Da sich die Worte »in jeder Hinsicht« auf alles beziehen, ist es nicht nötig, auf besondere Autosuggestionen zurückzugreifen.

Diese Autosuggestion ist auf eine möglichst einfache, kindliche und mechanische Art und ohne die geringste Anstrengung auszuführen. Mit einem Wort, die Formel soll in einem Tonfall wie beim Beten von Litaneien hergesagt werden.

Auf diese Weise erreicht man, daß die Formel automatisch über die Ohren in das Unbewußte eindringt, wo sie alsbald ihre Wirkung entfaltet.

Man wende diese ebenso vorbeugende wie heilende Methode sein ganzes Leben lang an.

Außerdem versichere man sich unverzüglich jedesmal, wenn man im Laufe des Tages oder der Nacht ein körperliches oder seelisches Leiden verspürt, daß man selber nicht auch noch bewußt dazu beitragen, sondern es beseitigen werde; sodann ziehe man sich so gut wie möglich zurück, schließe die Augen, streiche sich bei seelischen Leiden mit der Hand über die Stirn oder bei körperlichen Leiden über das schmerzende Körperteil und spreche sich in eiliger Aufeinanderfolge so lange wie nötig mit den Lippen die folgenden Worte vor: »Es geht vorüber, es geht vorüber usw.« Mit etwas Gewohnheit erreicht man, daß der seelische oder körperliche Schmerz innerhalb von zwanzig bis fünfundzwanzig Sekunden vergeht. Man wiederhole diese Übung jedesmal, wenn man das Bedürfnis verspürt.

Hinweis. – Die Anwendung der Autosuggestion kann die ärztliche Behandlung nicht ersetzen, aber sie ist sowohl für den Patienten als auch für den Arzt eine wertvolle Hilfe.

Anmerkung. – Jeden Tag erhalte ich Briefe von Menschen, die mir alle Krankheitssymptome, an denen sie leiden, ausführlich darlegen und mich fragen, was sie in ihrem Fall tun sollen.

Diese Briefe sind überflüssig. Da meine Methode allgemein ist und sich folglich auf *alles* bezieht, kann ich keine individuellen Ratschläge erteilen, ganz gleich, um welche Fälle es sich handelt.

Das einzige, was man tun kann, ist, sich weiterhin sorgsam der vom Arzt verordneten Behandlung zu unterziehen und darüber hinaus *sehr genau* die von mir an anderer Stelle gegebenen Ratschläge zu befolgen.

Befolgt man sie richtig, also *unter Vermeidung jeglicher Anstrengung*, wird man alles erreichen, was zu erreichen menschenmöglich ist. Ich muß hinzufügen, daß ich oft selbst nicht weiß, wo die Grenzen des Möglichen liegen.

E. Coué

Einige Überlegungen zum Unbewußten

Das Unbewußte ist keine Schöpfung unserer Vorstellungskraft, sondern ein wirklich existierendes Wesen. Wie ich bereits in der »*Autosuggestion*« erläutert habe, ist das Beispiel des Schlafwandlers und des *Delirium-tremens*-Kranken ein Beweis für die Existenz des Unbewußten.

Ohne aufzuwachen, steht ein Schlafwandler in der Nacht auf, kleidet sich an oder auch nicht, verläßt sein Schlafzimmer, geht in ein anderes Zimmer, schließt dort eine am Vortag unvollendete Arbeit ab und legt sich anschließend wieder schlafen.

Am nächsten Tag wundert er sich, daß die Arbeit fertiggestellt ist. Er hat dies getan, weil er von einer unbewußten Kraft dazu angetrieben wurde, und diese Kraft ist nichts anderes als das, was wir das Unbewußte nennen.

Gleiches gilt für den Alkoholiker. Wenn er plötzlich einen *Delirium-tremens*-Anfall bekommt, erhebt er sich mit rotglühendem, von Raserei verzerrtem Gesicht, greift nach dem nächstbesten Gegenstand, der ihm in die Hände kommt, und schlägt blind um sich, wobei er das Mobiliar zertrümmert und Menschen, die ihm zu nahe kommen, verletzt und manchmal sogar erschlägt. Wenig später, wenn der Anfall vorbei ist, registriert er mit Entsetzen die Trümmer, das Blutbad um sich herum und schreit: »Zu Hilfe!«, da er überhaupt nicht weiß, daß er es ist, der die Verwüstung angerichtet hat.

Auch in diesem Fall ist es das Unbewußte, das diesen Unglückseligen gelenkt hat.

Das Unbewußte ist ein intelligentes Wesen. Es ist ausgestattet mit einem hervorragenden Gedächtnis, das alles speichert, was wir sehen, alles, was wir hören, alles, was wir lesen, alle Gefühle, die wir empfinden, alles, was in uns unbewußte Autosuggestionen hervorruft.

Man kann das Unbewußte mit gewissen alten Dienern vergleichen, denen man in manchen Familien begegnet; diese sind sehr ergeben und gehorsam, aber nur unter der Voraussetzung, daß man es versteht, ihnen Anweisungen zu geben. Sagen Sie zum Beispiel zu einem von ihnen mit freundlicher Stimme: »Johann, seien Sie so nett und tun Sie bitte dies oder jenes«, so wird es Johann unverzüglich und mit größter Dienstbeflissenheit erledigen. Befehlen Sie ihm dagegen in einem schroffen und harten Tonfall: »Johann, tun Sie dies oder jenes!«, wird Johann zusehen, daß er diesem Befehl nicht Folge leistet; oft wird er gar das Gegenteil dessen tun, was ihm aufgetragen wurde.

Das Unbewußte ist sehr gewissenhaft, es führt aus, was man ihm befiehlt, aber es führt nur gerade das aus, nicht mehr und nicht weniger. Wenn Sie Johann anweisen, ein bestimmtes Möbelstück abzustauben, so wird er dies erledigen, ohne sich um den Staub zu kümmern, der vielleicht auf anderen Möbeln liegt. Er hat getan, was Sie ihm aufgetragen haben, nicht mehr. Hätten Sie ihn jedoch angewiesen, alle Möbel abzustauben, hätte er gehorcht. Genauso verhält sich das Unbewußte: Es ergreift nur dann von sich aus die Initiative, wenn Sie es dazu auffordern. Sie müssen es also dazu bringen, von sich aus tätig zu werden, indem Sie ihm einen *allgemeinen* Befehl erteilen, den es im Rahmen des Möglichen ausführen wird. In diesem Fall können Sie sich auf Ihr Unbewußtes verlassen: Es wird in Ihrem Körper oder Ihrer Seele alle Schäden beheben, die überhaupt zu beheben sind, während Sie selbst meist gar nicht wissen, welches Organ oder welche Organe eigentlich betroffen sind.

Wenn der Fahrer eines Wagens eine Panne hat, untersucht er die verschiedenen Teile seines Fahrzeugs, repariert das defekte Teil und macht den Wagen wieder flott, ohne daß sein Besitzer wüßte, welches Teil repariert wurde.

Das gleiche gilt auch für das Unbewußte, das wir als den Fahrer des Wagens, den wir selbst verkörpern, betrachten können. Wenn wir dem Unbewußten befehlen, dieses oder jenes Teil der Maschine, die wir sind, zu überprüfen, wird es dies auch erledigen, aber es wird nur dies und nicht mehr tun, so daß unsere Maschine weiterhin betriebsunfähig bleibt, falls dies gar nicht das defekte Teil war.

Fordern wir den Fahrer dagegen auf, dafür zu sorgen, daß die Panne behoben wird, wird dieser die Maschine sorgfältig in Augenschein nehmen, das defekte Teil oder die defekten Teile reparieren, und alsbald ist die Panne behoben.

Man soll dem Unbewußten also immer einen allgemeinen Befehl geben und keinen besonderen, da man sonst Gefahr läuft, einem Irrtum zu erliegen.

Nehmen wir beispielsweise an, Sie haben Bauchschmerzen und suchen deshalb einen Arzt auf. Dieser diagnostiziert eine Gallenkolik. Wenn Sie den ärztlichen Rat befolgen und gleichzeitig die bewußte Autosuggestion ausüben und Ihrem Unbewußten befehlen, die Funktion Ihrer Leber zu beobachten, wird es sich mit diesem Organ befassen und etwaige Funktionsfehler nach Möglichkeit beheben.

Wurde jedoch eine Fehldiagnose gestellt und ist die Ursache für Ihre Schmerzen in Wirklichkeit eine Nierenkolik, also eine durch ein Nierenleiden ausgelöste Kolik, wird sich Ihr Unbewußtes nicht mit Ihren Nieren befassen, da Sie ihm dies nicht aufgetragen haben.

Wenn Sie ihm dagegen die allgemeine Anweisung geben, sich um Ihren gesamten Organismus zu kümmern, wird es Ihre kranken Nieren überprüfen und versuchen, sie zu heilen.

Wie sollen wir also unserem Unbewußten die allgemeine Anweisung geben, daß es sich mit unserem gesamten Organismus zu beschäftigen habe? Ganz einfach: durch Wiederholen der Formel: »Es geht mir mit jedem Tag in jeder Hinsicht immer besser und besser!«, die in der am

Ende meines Vortrags dargelegten Art und Weise zu sprechen ist.

Ich weise nochmals darauf hin, daß es bei der Ausübung der Autosuggestion völlig unerheblich ist, was das Bewußte in diesem Augenblick denkt. Wenn die Formel mit den Lippen mechanisch wiederholt wird, laut genug, damit das Ohr die gesprochenen Worte hört, so dringen diese Worte über das Gehör ins Unbewußte ein, das sie aufnimmt und sodann danach handelt.

Wenn ich Ihnen rate, die Autosuggestion auf diese Weise auszuüben, so tue ich das, weil wir genau auf diese Weise unbewußt negative Autosuggestion betreiben, die wir meisterhaft beherrschen, ohne sie je erlernt zu haben. Und warum hat diese negative Autosuggestion so viel Erfolg? Gerade weil wir sie mechanisch tun, ohne jegliche Anstrengung, ohne zu versuchen, uns darauf zu konzentrieren.

Wie geht nun das Unbewußte vor, um die Suggestion, die es empfangen und angenommen hat, auszuführen? Da das Unbewußte das Funktionieren sowohl unseres körperlichen als auch unseres seelischen Wesens steuert, veranlaßt es das Nötige, damit sich alle Funktionen nach und nach regulieren und somit die durch das anomale Arbeiten bestimmter Organe verursachten Beschwerden allmählich verschwinden.

Die stete Verbesserung der Stoffwechselfunktionen kann dazu führen, daß zu dicke Personen an Gewicht verlieren, während zu dünne Menschen zunehmen. Bei Menschen mit Krampfadern gewinnt das Venengewebe langsam wieder seine verlorengegangene Stärke und Festigkeit zurück; die Venen nähern sich allmählich wieder ihrem ursprünglichen Umfang, und wenn sie wieder ihre ganze Stärke und Festigkeit angenommen haben, dann haben sie wieder ihren Normalzustand erreicht, und die Heilung ist vollbracht.

Bei varikösen[15] Wunden bewirkt das Unbewußte, daß die Zellen, die das Innere der Wunde ausmachen, aus ihrem Schlaf oder aus ihrer Erstarrung erwachen und wieder ihre Aufgabe als Zellen wahrnehmen, also sich vermehren. Man sieht dann, wie sich im Inneren der Wunde langsam immer mehr Bindegewebe neu bildet; es wächst immer mehr und füllt schließlich das von der Wunde gebildete Loch aus.

---

15 Krampfaderig.

Zur gleichen Zeit, in der sich dieser Vorgang vollzieht, nähern sich die Ränder der Wunde einander immer mehr an, so daß sie sich innerhalb längerer oder kürzerer Zeit berühren und nur noch einen Punkt oder eine Linie bilden. Ist dieser Punkt oder diese Linie schließlich vernarbt, so ist die Wunde verheilt.

Bei einem Fibrom[16] bewirkt das Unbewußte, daß sich die Arteriolen[17], die das Fibrom ernähren, bei ihrem Eintritt in den Parasiten zusammenziehen, als schnürte man sie mit Nähseide ab; das so seiner Nahrung beraubte Fibrom stirbt ab, trocknet aus und wird schließlich resorbiert.

Bei Gallenkoliken veranlaßt das Unbewußte, daß die von der Leber produzierte Gallenflüssigkeit zunehmend normal, also immer weniger sauer und immer alkalischer wird. Ist der alkalische Zustand erreicht, enthält die Leber in flüssiger Lösung das Cholesterin, das sich vorher in Schlammform in der Gallenblase abgelagert hat-

---

16 Fasergeschwulst, siehe oben Anmerkung 9.

17 Die kleinsten Arterien, d. h. die kleinsten Blutgefäße, die das Blut vom Herzen wegführen und im Körper verteilen.

te. Dieser Schlamm führte durch seine ständige Verklumpung zur Bildung von Gallensteinen, die ihrerseits die Koliken auslösten, wenn sie in den Gallengang eindrangen.

Bei Gebärmuttersenkungen und Wandernieren gibt das Unbewußte den Bändern, die diese Organe stützen, ihre ursprüngliche Kraft und Elastizität zurück. In dem Maße, wie sich dieser Vorgang vollzieht, verkürzen sich die Bänder, und wenn sie *ihre ganze Kraft und Elastizität* zurückgewonnen haben, sind sie wieder bei ihrer normalen Länge angelangt, und damit nehmen die Organe wieder den für sie vorgesehenen Platz ein.

Bei starken Blutungen bewirkt das Unbewußte, daß sich die Gefäße auf natürliche Weise verengen. Dies wird auch künstlich mit blutstillenden Mitteln erreicht. Dabei kann es manchmal sogar zu einem beinahe sofortigen Stillstand der Blutung kommen. Ich hatte mehrmals Gelegenheit, dieses Phänomen zu beobachten.

Bei Diabetes bewirkt das Unbewußte, daß die Organe, die zu viel Glukose produzieren, immer weniger davon herstellen, bis zu dem Tage, an dem nur noch die normale Menge Glukose ausgeschüttet wird. In diesem Augenblick ist der

Diabetes verschwunden. Solche Heilungen sind ziemlich häufig.

Hauterkrankungen, die nicht mikrobiellen oder parasitären Ursprungs sind, werden immer von Stoffwechselstörungen verursacht: Bestimmte Organe, die in normalem Zustand eine kleine Menge Toxine[18] produzieren (diese werden in dem Maße ihrer Neubildung gleich wieder ausgeschieden), bilden auf einmal eine größere Menge dieser Toxine. Da die überschüssigen Toxine nicht ausgeschieden werden können, gelangen sie in den Blutkreislauf und lösen bestimmte Hauterkrankungen aus.

Unter dem Einfluß der allgemeinen Suggestion bringt das Unbewußte diese Organe allmählich wieder dazu, normal zu arbeiten. Indem die Menge der Toxine abnimmt, nehmen auch die durch sie ausgelösten Erkrankungen im gleichen Maße ab, und wenn die Organe wieder völlig normal arbeiten (da ja die Ursache des Leidens beseitigt ist), verschwindet auch das Leiden selbst.

Bei Magenerweiterung führt das Unbewußte

---

18 Stoffwechselprodukte, die auf den Organismus eine starke Giftwirkung ausüben.

die Heilung durch denselben Vorgang herbei, durch den es auch bei Wandernieren und bei Gebärmuttersenkung die Heilung erzielt.

Alles in allem repariert das Unbewußte alle reparablen Schäden und bewirkt in manchen Fällen, wenn die Beschwerden nicht ganz beseitigt werden können, einen Ausgleich im Organismus des Patienten, so daß dieser trotz seiner weiter bestehenden Erkrankung wie ein Gesunder leben kann.

Der folgende Fall ist hierfür ein bemerkenswertes Beispiel.

Im Februar 1913 brachte man einen etwa vierzehnjährigen Jungen aus Nancy nach seiner Entlassung aus dem Krankenhaus zu mir. Zwei Monate vorher war er wegen einer akuten Entzündung der Herzinnenhaut, die nach Ansicht des behandelnden Arztes zum Tode führen mußte, eingeliefert worden; dieser Meinung war im übrigen auch der Chefarzt des Krankenhauses. Glücklicherweise bewahrheitete sich diese Vorhersage nicht, und der Junge wurde im gleichen Zustand wie bei seiner Einlieferung aus dem Krankenhaus entlassen.

Als ich ihn das erste Mal sah, hatte ich Mitleid mit ihm. Mit langsamen Schritten und nach vorne gebeugtem Oberkörper kam er in mein Büro und keuchte dabei wie ein Hund, der auf dem letzten Loch pfeift. Gewiß, auch ich dachte, daß ihm nicht mehr zu helfen war. Dennoch hielt ich eine Sitzung mit ihm ab und bemerkte, daß er für Suggestionen sehr empfänglich war. Ich bat ihn, zwei Tage später wiederzukommen. Als er sich erneut vorstellte, stellte ich zu meiner großen Überraschung eine gewaltige Veränderung bei ihm fest. Seine Schritte waren viel länger und schneller, und seine Atmung war viel weniger schwer geworden.

Die Besserung setzte sich rasch fort, und drei Wochen nach seinem ersten Besuch bei mir war dieser Junge in der Lage, mit seiner Mutter einen Spaziergang von sechs Kilometern zu machen. Sein Zustand verbesserte sich immer mehr, und nach etwa zwei Monaten fragte mich der junge Patient, ob ich glaubte, daß er zu seiner Großmutter aufs Land fahren könne. Auf meine positive Antwort hin brach er auf. Hin und wieder erhielt ich Nachricht von ihm und erfuhr, daß die Besserung anhielt. Dieser Junge, der kaum seine Beine heben konnte, als er mich zum ersten Mal besuchte, lief nun wie jedermann treppauf und treppab und ging sogar auf Schmetterlingsjagd.

Vier Monate später kam er wieder zu mir. Als er hereinkam, erkannte ich ihn kaum wieder. Er war elf Zentimeter gewachsen und hatte neunzehn Pfund zugenommen. Außerdem konnte er mit den Jugendlichen in seinem Alter Fahrrad fahren.

Dennoch war er nicht geheilt. Als der Krieg begann, wurde er gemustert. Zweimal in Folge wurde er wegen seiner nach wie vor vorhandenen Krankheit zurückgestellt.

Seither habe ich ihn von einem Arzt untersuchen lassen, der bescheinigte, daß sein Leiden nicht weggegangen war. Wie dem auch sei, es geht ihm gut. Er ist verheiratet, Familienvater und erfüllt mühelos die Pflichten seiner Lebensumstände.

Über die Beziehungen zwischen Willen und Vorstellungskraft bei der bewußten Autosuggestion

Bei der Ausübung der bewußten Autosuggestion soll sich der Wille nicht wie ein Herrscher einschalten, der imperativ gebietet, sondern wie ein Führer, der das Unbewußte lenkt und es freundschaftlich bittet, dies oder jenes zu tun. Das Unbewußte seinerseits nimmt diese Bitte, diese abgeschwächte Anweisung, an und findet von sich aus die Mittel, ihr im Rahmen des Möglichen nachzukommen.

Läßt man dagegen den Willen wie einen despotischen Herrscher agieren, sträubt sich das Unbewußte. Es führt dann nicht nur den ihm erteilten Befehl nicht aus, sondern tut sogar genau das Gegenteil davon.

Würdigungen meiner Methode

Der Unterzeichnete, Bürgermeister von Nancy und Befehlshaber der Ehrenlegion, erklärt hiermit, daß das Werk des Herrn Coué seinem Wesen und seinen Ergebnissen nach von größter sozialer Bedeutung ist. Dies wird durch seine Verbreitung und seinen Erfolg in Frankreich und im Ausland bestätigt. Bevor Herrn Coués wissenschaftliche Lehre diese Berühmtheit und Bestätigung erfuhr, konnte sie seit ihren Anfängen in Nancy schnelle Erfolge erzielen, Vertrauen in sich wecken und aus der Region von Nancy sowie aus den Nachbarregionen zahlreiche eifrige Anhänger gewinnen, denen sich der Gelehrte vor allem mit bedingungsloser Selbstlosigkeit, mit äußerster Hingabe und Beflissenheit widmete.

Seit den Anfängen Herrn Coués vor vielen Jahren hat der Unterzeichnete übrigens als Präsident der Anwaltskammer den Titel eines Ehrenmitglieds in seinem Förderkomitee angenommen. Ausgefertigt zu Nancy am 9. April 1925.

Der Bürgermeister von Nancy
Gezeichnet: *Henri Mengin*

In den verschiedenen Sitzungen, an denen ich in Herrn Coués Institut in Nancy teilgenommen habe, habe ich den Eindruck gewonnen, daß Herrn Coués Werk von unschätzbarer Bedeutung ist. Wie viele bislang unbekannte Reichtümer im Innersten der menschlichen Seele können wir durch Herrn Coués Methode zum höchsten Wohle körperlich und seelisch leidender Geschöpfe entdecken und nutzbar machen!

Bei dieser Zusammenkunft von Menschen, die aus allen Winkeln der Welt herbeigeeilt waren und aus allen Gesellschaftsschichten stammten, stellte ich beim Arzt, beim Gelehrten und beim einfachen Arbeiter dasselbe Interesse und dasselbe Vertrauen fest und bin daher überzeugt davon, daß die Schule von Herrn Coué ein philanthropisches Werk von größter Bedeutung ist, das gefördert und weiterentwickelt werden muß, denn es trägt dazu bei, die Kraft, die Gesundheit, die Arbeit und somit auch das Glück der Menschen zu erhöhen.

S. F., Luxemburg

Der Unterzeichnete, Dr. A., Chirurg, Leiter des Krankenhauses in F., erklärt hiermit:

Die Coué-Methode ist eine wissenschaftliche Methode, die nicht auf Pröbeleien, sondern auf wissenschaftlichen Tatsachen beruht.

Die bereits erzielten Ergebnisse, die eine Verbreitung dieser Methode in Frankreich begünstigen sollten, sind unbestreitbar. Davon habe ich mich kürzlich selbst anläßlich einer Reise in die Schweiz überzeugt.

Die Erfolge sind unstrittig und zahlreich. Die Öffentlichkeit interessiert sich sehr für die Coué-Methode. Coué spielt nicht die Rolle eines Wunderheilers. Dies sagt er offen bei jeder Sitzung.

Die von Coué ins Leben gerufene Schule trägt sicherlich dazu bei, das Ansehen und die Verbreitung der französischen Wissenschaft im Ausland zu fördern.

Die philanthropische Funktion des Coué-Instituts steht außer Zweifel. Coué läßt sich niemals bezahlen. Er ist sozusagen ein Apostel, der seine Methode in die Öffentlichkeit trägt.

Gezeichnet: *Dr. A.*

Der Unterzeichnete, Dr. X. von der Medizinischen Fakultät in Lyon, erklärt, daß das in Paris gegründete Coué-Institut für seelische Erziehung von unbestreitbarem Gemeinnutzen ist, und zwar aus folgenden Gründen:

1. Es ist ein seinem Wesen nach philanthropisches Werk, dessen Ziel und Zweck es ist, für ein großes Publikum völlig unentgeltlich vernünftige, richtige und wissenschaftliche Gedanken darüber zu verbreiten, wie man allein durch Anwendung der Coué-Methode die Heilung zahlreicher, als unheilbar geltender Krankheiten sicherstellen und stark dazu beitragen kann, daß ausnahmslos alle organischen Krankheiten schneller heilen, vorausgesetzt, daß sie gleichzeitig mit einer üblichen Therapie behandelt werden und daß eine Heilung überhaupt menschenmöglich ist.

2. Die Lehre dieser Methode kann darüber hinaus bei der geistigen und moralischen Erziehung der Jugend unermeßliche Dienste leisten. Die öffentliche Erklärung der Grundsätze der Coué-Methode bewirkt außerdem, daß den in der Ge-

sinnung der Öffentlichkeit seit grauer Vorzeit bis zum heutigen Tage vorhandenen falschen Vorstellungen und Vorurteilen in bezug auf angebliche Wunderbehandlungen durch Heiler aller Art ein Ende gesetzt wird. Denn die Anwendung der Methode macht diese angeblichen Wunder für jedermann verständlich.

3. Herr Coué ist in der Tat kein Heiler im allgemein gebräuchlichen Wortsinne. Es ist lediglich sein großes Verdienst, wissenschaftlich entdeckt und durch Tausende von Beispielen nachgewiesen zu haben, daß die Heilung zahlreicher Krankheiten von den Patienten selbst ohne fremde Hilfe durch Ausübung der bewußten Autosuggestion herbeigeführt werden kann. Das Geheimnis dieser Entdeckung, die für niemanden ein Geheimnis sein sollte, liegt hauptsächlich im richtigen Verständnis der physiologischen Beziehungen zwischen bewußtem Willen und unbewußter Vorstellungskraft.

4. Die bereits von vielen praktischen Ärzten und auch von mir selbst durch Anwendung der

Coué-Methode erzielten Ergebnisse sind für uns die sicherste Garantie für künftig zu erzielende Ergebnisse, vorausgesetzt, es wird dem Coué-Institut ermöglicht, seinen Wirkungsbereich zu vergrößern und seinen wohltätigen Aktionsradius auf viele französische Städte auszudehnen.

5. Das Prinzip der Autosuggestion als Heilmethode ist das konsequente Ergebnis der Arbeiten so berühmter Psychologen wie Charcot, Liébeault, Bernheim, Janet, Boirac usw. Es wurde in allen wissenschaftlichen Details von zahlreichen Ärzten und gelehrten Psychologen unserer Zeit erforscht und erklärt. Unter den letztgenannten ist M. Ch. Baudouin vom Institut J.-J.-Rousseau in Genf hervorzuheben, der die erläuternden Schriften über diese Heilmethode in einem sehr gelehrten Werk mit dem Titel *Psychologie der Suggestion und Autosuggestion* zusammengestellt hat.

6. Der Erfolg der Coué-Methode im Ausland, insbesondere in Amerika, England und in der Schweiz, wo Coué-Institute zum Wohle der All-

gemeinheit arbeiten und kostenlose Unterrichtskurse anbieten, dieser enorme, durch Presseberichte weltweit bekannt gewordene Erfolg läßt befürchten, daß Herrn Coués Entdeckung eines Tages vom Ausland her, mit einem ausländischen Titel ausstaffiert, zu uns zurückkehrt, um endlich den Bekanntheitsgrad zu erreichen, den sie verdient.

Es ist daher zu wünschen, daß die französischen Behörden sich beeilen, diese Frage eingehend zu prüfen, denn es wird sich mit Sicherheit die offensichtliche Notwendigkeit ergeben, das seit seinen Anfängen französische Coué-Institut durch Erklärung seiner Gemeinnützigkeit offiziell zu anerkennen.

Zusammenfassend ist zu sagen, daß das seinem Wesen nach philanthropische und gleichzeitig wissenschaftliche Werk des Herrn Coué der – zumindest ideellen – Unterstützung der Regierung bedarf und diese sicherlich auch erhalten wird. Dadurch wird es Herrn Coué möglich sein, eine Methode, deren Wirksamkeit und Unschädlichkeit bei der Behandlung aller körperlichen und seelischen Erkrankungen, an denen die

Menschheit leidet, nicht mehr von der Hand zu weisen sind, zu vollenden, allgemeinverständlich darzustellen und zu verbreiten.

29. Juni 1925 *Dr. X.*

Der Unterzeichnete, Alphonse de Châteaubriant, Schriftsteller, erklärt:

Seit nunmehr vier Jahren erforsche ich unermüdlich die »Coué-Methode«, die ich auch selbst anwende. Im größten Interesse einer bereits beachtlichen Zahl kranker Menschen, deren Beschwerden nachließen oder ganz beseitigt wurden, bin ich bemüht, diese Methode möglichst weit um mich herum zu verbreiten. Daher zögere ich nicht, hiermit ganz ehrlich einen Gedanken zum Ausdruck zu bringen, der mir von sich aus in den Sinn kam, nämlich daß diese Lehre von der heilenden Autosuggestion eine der bedeutendsten Neuerungen unserer Zeit darstellt. Viele Menschen, deren Kenntnisse auf diesem Gebiet unzureichend sind, neigen dazu, in dieser Methode nur ein empirisches Verfahren zu sehen, das einer hinreichenden Fundierung in der etablierten Wissenschaft entbehre. Damit erliegen sie einem schwerwiegenden Irrtum, denn hinter der unspektakulären Bezeichnung »Coué-Methode« verbirgt sich die »Coué-Entdeckung«, die im seelischen Bereich eine Entdeckung ebenso funktioneller Natur war wie im physiologischen Bereich Harveys Entdeckung des Blutkreislaufs. Aufgrund gewissenhafter Beobachtung und Untersuchung psychologischer Phänomene wissen wir heute mit unbestreitbarer Genauigkeit: 1. Daß der Wille (unsere Entschlußkraft) ausnahmslos nicht dazu imstande ist, unser Handeln zu bestimmen, wenn die Vorstellungskraft nicht mit dem Willen übereinstimmt; 2. Daß die Vorstellungskraft in allen Bereichen menschlicher Betätigung die eigentliche Gestaltungskraft ist; dies beweisen, um nur ein Beispiel aus dem Bereich der Heilverfahren anzuführen, die Zustandsveränderungen bis hin zu Gewebeveränderungen; 3. Daß gerade die Vorstellungskraft (und das ist der wesentlichste und folgenreichste Punkt) gelenkt und gesteuert werden kann. Damit kündigt sich in der Lehre eine wahre Revolution an. Die Entdeckung dieses

Mechanismus läßt uns tatsächlich ein grundlegendes Lebensgesetz erkennen, das in unzähligen Einzelfällen erprobt worden ist und nicht mehr angezweifelt werden kann. Es wartet nur noch darauf, von der Allgemeinheit übernommen zu werden, um eine noch viel weitreichendere Wirkung als bislang zu erzielen – eine Wirkung, die eines Tages in einer wirklichen Verbesserung der zwischenmenschlichen Beziehungen zum Ausdruck kommen könnte.

Ohne Zögern sage ich, daß Herrn Coués Werk ein Werk im Dienste des Allgemeinwohls ist.

Nantes, 20. Mai 1925

Alphonse de Châteaubriant

Der Unterzeichnete, Z., Doktor der Medizin und medizinischer Schulrat, erklärt hiermit: Nachdem ich mich von den positiven Ergebnissen überzeugen konnte, die von der neuen, von Herrn Coué vertretenen Schule von Nancy erzielt werden, wurde ich ein Anhänger der Behandlung durch »bewußte Autosuggestion«, die ich bei der Ausübung meines Berufes häufig anwende. Ich bin der Ansicht, daß sich die Ärzteschaft bemühen sollte, über die Bedeutung dieser Behandlungsmethode mehr zu erfahren.

Bei der Behandlung von Schlaflosigkeit, Erkrankungen des Nervensystems oder des Sympathikus, Inkontinenz bei Kindern und anderen Leiden lassen sich hervorragende Erfolge erzielen.

Nachdem ich mich seit etwa zwanzig Jahren mit medizinischen Fragen in Schulen beschäftigt habe, bin ich zu der Überzeugung gelangt, daß man die Autosuggestion in Schulen zur Bekämpfung schlechter Angewohnheiten, krankhafter und lasterhafter Neigungen aller Art erfolgreich einsetzen kann.

Dies ist, wie mir scheint, ein weites Forschungsgebiet für alle jene, die sich mit diesen Fragen beschäftigen wollen.

Juni 1925 *Dr. Z.*

Die Umstände bieten mir die Gelegenheit, die große Bedeutung des Werkes von Herrn Coué, Nancy, zu würdigen.

Ich sah die zahlreichen ausländischen Besucher, die zu ihm kamen, um zu lernen, wie sie sich mit den von ihm entdeckten Gesetzen selbst behandeln konnten.

Ebenfalls konnte ich die zahlreichen und zufriedenstellenden Ergebnisse sehen, die er erzielte. Es ist vollkommen sicher und unzweifelhaft, daß Herrn Coués Name genauso bekannt, wenn nicht sogar bekannter ist als der irgendeines französischen Zeitgenossen und daß seine Methode von allen englischsprachigen Ländern in hohem Maße übernommen wurde.

Dies wird offenkundig dazu führen, daß sich das Interesse der ganzen Welt auf die französische Wissenschaft und auf die französischen Entdeckungen im allgemeinen richten wird.

Ich persönlich war über die von Herrn Coué erzielten Ergebnisse derart erstaunt, daß ich den brennenden Wunsch verspürte, es mögen auch in England Schulen entstehen, an denen seine Methode unterrichtet würde.

General S.
Ehemaliger Parlamentsabgeordneter,
C. B., C. B. E., M. C.,
Befehlshaber der Ehrenlegion

London, 13. Mai 1925

Ich wurde gebeten, das heutige und künftige Werk des Coué-Instituts für seelische Erziehung in Paris in seiner Bedeutung zu beurteilen, und habe die Ehre, Folgendes mitzuteilen:

Das Institut leistet vor allem im Hinblick auf die Erforschung der Psyche wertvolle Dienste, da es sich auf die von der neuen Schule für Angewandte Psychologie in Nancy entwickelten Grundlagen stützt. Diese Schule fand die Anerkennung angesehener Psychologen in England sowie weiterer Psychologen in Europa und Amerika.

Schon unter Liébault haben sich die Studierenden der ganzen Welt der Schule von Nancy und ihren Methoden zugewandt, um sich Kenntnisse über die Suggestion anzueignen, und heute wenden sie sich in derselben Absicht an Coué. Die Tatsache, daß das Coué-Institut in Paris streng die Methode dieser Schule befolgt, sollte für die französische Regierung Grund genug sein, es als gemeinnützig anzuerkennen.

Die von Herrn Coué in den Kliniken von Nancy und Paris erzielten Ergebnisse bei der Heilung nervöser Funktionsstörungen und der Linderung organischer Beschwerden haben die medizinische Welt in Staunen versetzt.

Zu denselben Ergebnissen gelangte man in London und in weiteren nach dem Vorbild von Nancy gegründeten Kliniken an anderen Orten. Die von dem Institut ausgehende Bewegung ist von internationaler wissenschaftlicher Bedeutung, denn sie ermöglicht die Besserung bei Patienten, deren Leiden bislang nur unzureichend gelindert werden konnten.

Das Institut in Paris verdient die Förderung durch die französische Regierung, weil es dazu beiträgt und noch weiter dazu beitragen wird, eine Methode in der ganzen Welt zu verbreiten, die auf dem »Gesetz der das Gegenteil bewirkenden Anstrengung« beruht, das zum ersten Mal von Herrn Coué formuliert und als einfache Wahrheit von größter Bedeutung anerkannt wurde.

Die Einfachheit der vom Coué-Institut in Paris unentgeltlich unterrichteten Coué-Methode, die auch für sehr wenig gebildete Menschen verständlich ist, macht dieses Institut zu einem Zentrum der Philanthropie, das es verdient, nach besten Kräften unterstützt zu werden.

Montagu S. Monier-Williams, Magister der philosophischen Fakultät der Universität von Oxford, Mitglied der Königlichen Chirurgenkammer von England, Lizentiat der Königlichen Ärztekammer in London, Arzt an der Klinik für seelische Erziehung in London (Chelsea), wo die Methode des Herrn Coué angewandt wird; Ehrenmitglied der Lothringer Gesellschaft für angewandte Psychologie.

Einige Briefe

Sehr geehrter Herr Coué,

seit nunmehr zwei Monaten bin ich in einer großen Klinik mitten in Deutschland beschäftigt. Jeden Samstagvormittag um zehn Uhr halte ich dort eine Gruppensitzung nach Ihrer Methode ab, an der nicht nur zahlreiche Patienten, sondern auch viele Ärzte teilnehmen. Die Coué-Behandlungsmethode ist zu einem wesentlichen Bestandteil unseres medizinischen Instrumentariums geworden.

Zusätzlich zu den Gruppensitzungen führe ich in der feinen Gesellschaft von Berlin Einzelbehandlungen durch. Dabei muß ich mich natürlich auf die Wünsche meiner Patienten einstellen. Auch in diesen individuellen Sitzungen verlaufen die Versuche meist erfolgreich.

So hat mein Aufenthalt bei Ihnen also Früchte getragen, und ich freue mich, zur Entwicklung und wissenschaftlichen Anerkennung einer Methode beizutragen, der ich selbst so viel verdanke. Ich glaube, unsere Klinik ist die erste Universitätsklinik der Welt, in der Ihre Methode (durch mich) eingeführt wurde.

Dr. B.

Sehr geehrter Herr Coué,

Da ich an Neurasthenie litt, hatte mir mein Arzt geraten, Autosuggestion anzuwenden und mich gleichzeitig seiner Behandlung zu unterziehen. Ich kaufte also Ihre Broschüre, studierte sie und machte mir Ihre berühmte Autosuggestionsmethode zu eigen.

Ich begann zu üben, indem ich regelmäßig und unter sorgfältiger Beachtung der in Ihrem Buch gegebenen Anweisungen die Formel »Es geht mir mit jedem Tag usw.« wiederholte, und nach etwa sechs Monaten hatte ich meinen früheren seelischen Zustand wiedergewonnen und war – im Vergleich zu den vorangegangenen sechs Monaten – wieder ein völlig anderer Mensch geworden.

Nachdem ich auf diese Weise den großen Nutzen erkannt habe, den ich aus der Anwendung der Autosuggestion gezogen hatte, übe ich sie weiterhin seit über einem Jahr aus.

Ich habe außerdem beschlossen, den Rest meines Lebens damit zu verbringen, Ihre Methode zu studieren und in die Tat umzusetzen.

Rangoon, 1925 *M. S. L.*

Sehr geehrter Herr Coué,

Dies grenzt ans Wunderbare. Vor vierzehn Tagen haben mir Freunde aus der Schweiz Ihr Buch »*Autosuggestion*« zugeschickt. Ich habe es unverzüglich mit größtem Interesse studiert und Ihre Methode an mir selbst ausprobiert.

Gleich am nächsten Tag, nachdem ich begonnen hatte, mich mit Autosuggestion zu behandeln, konnte ich eine spürbare Besserung feststellen. Meine allgemeine Schwäche, rheumatischen Beschwerden, schlechte Stimmung, Appetitlosigkeit, extreme Müdigkeit, ja sogar Beklemmung (da ich an einem Bronchialasthma gelitten hatte, kurz bevor ich die autosuggestive Behandlung aufnahm), all das besserte sich sehr schnell, um nicht zu sagen sofort.

Seit fünfundzwanzig Jahren bin ich Arzt, und

ich kann in aller Offenheit sagen, daß ich noch nie etwas so Gutes gelesen habe wie Ihr Buch. Ich hoffe, daß Ihre Methode weltweite Bekanntheit erlangen wird.

Dr. S., Nischni Nowgorod

Sehr geehrter Herr Coué,

ich muß Ihnen sagen, daß ich am 6. März dieses Jahres in X., einer sehr großen Stadt, wie Sie wissen, einen Vortrag über Autosuggestion und die Anwendung Ihrer Methode hielt. Dieser Vortrag wurde so gut aufgenommen, daß ich gezwungen war, ihn zwei Tag später und danach noch mehrmals in privaten Sitzungen zu wiederholen. Während der Osterfeiertage soll ich den Vortrag zusätzlich an mehreren wichtigen Orten in der Umgebung halten.

Die erste Person, der ich nach meiner Rückkehr von Nancy Ihre Methode beibrachte, war meine Frau, und sie hat sie mit größtem Erfolg angewandt. Sie litt an Schlaflosigkeit, nervösen Depressionen, die von Zeit zu Zeit noch durch körperliche Schwächezustände verschlimmert wurden, sowie außerdem an Migräne und innerlichen Schmerzen.

Dank Ihrer Methode schläft sie inzwischen wieder gut; zudem konnte sie einen aufkommenden Asthmaanfall vollständig abwehren, und ihre anderen Beschwerden gingen weg … Auf diesen Erfolg bin ich um so stolzer, als es einem Ehemann selten gelingt, seine Gattin von etwas zu überzeugen.

Bei dieser Gelegenheit möchte ich Ihnen noch mitteilen, daß uns von seiten des katholischen Klerus große Sympathie bekundet wird. Mehrere Priester, die von Mitgliedern ihrer Gemeinde um Rat gefragt wurden, bestätigten, daß hinter Ihrer Methode nicht nur keine teuflische Macht steht, sondern daß sie im Gegenteil den Glauben an Gott nur erhöhen kann.

Z., in X.

Die Praxis der Selbsterziehung durch Autosuggestion nach der Methode von Coué

Eine Antwort auf die Frage, wie man's machen muß

von Fritz Schwarz

Die Gewinnung des Lebensplans

Die Selbsterziehung durch bewußte Autosuggestion ist das Entspannen und Auflockern unserer Vorstellungen und ihrer Verbindungen. Daran schließt sich das beabsichtigte Einsenken einer *neuen* Vorstellung in das also gelockerte Erdreich unserer Vorstellungswelt. Hierauf folgt die Pflege dieser neuen Vorstellung, ihre Verankerung in unserem Denken. Schließlich ergibt sich daraus die neue Tat.

Diese Entwicklung kann sich langsam vollziehen; sie kann aber auch mit Gedankenschnelle abgewickelt werden. Unter Ludwig XIV. machten sich Hofleute den Spaß, einen Diener zu verhaften, in ein unterirdisches Gelaß zu schleppen, ihn dort zum Schein zu verurteilen und hinrichten zu lassen. Statt des Beils benutzte der »Henker« jedoch nur ein nasses Handtuch. Wie er es über den Hals des Dieners schlug, starb dieser genau wie ein Enthaupteter. Die Vorstellung, daß er enthauptet werde, hatte in seiner aufgerüttelten und gelockerten Vorstellungswelt so fest Wurzel gefaßt, daß alles andere daneben nicht mehr

Platz hatte. Die Folge war, daß sich alle körperlichen Vorgänge der Vorstellung des Enthauptetwerdens entsprechend abspielten. – In einem Kühlwagen wird aus Versehen ein Arbeiter eingeschlossen. Er stirbt darin den Tod durch Erfrieren, und zwar ganz langsam. Es stellt sich nachträglich heraus, daß die Temperatur im Wagen nicht tief war, weil die Kühlanlage ausgeschaltet war. Seine sich immer mächtiger ausbreitende Vorstellung hatte ihn getötet.

1. Aufgabe: Suche die Vorstellung, die Du in Dir pflegen mußt, weil Du sie nötig hast.

»In jedem Menschen lebt ein Bild dessen, was er werden soll – solange er dies nicht lebt, ist nicht sein Friede voll.« Nach einem Naturgesetz strebt jeder nach dem, was ihm zum »Normalmenschen« fehlt: der Arme nach Reichtum, der Reiche nach Glück (das ihm durch das Fehlen einer sinnvollen Arbeit entgangen ist), der Hungernde nach Nahrung, der Beschmutzte nach Reinheit, der Kranke nach Gesundheit, der Liebeshungrige nach Liebe usw. Haben diese Bemühungen keinen Erfolg, so tragen innere Hemmungen die Schuld.

Die Menschen sind nie zum Unterliegen im Leben geschaffen, sondern zum Erfolg. Allerdings ist es in der heutigen Weltordnung nicht möglich, daß alle Menschen in ihren Bestrebungen Erfolg haben können. Es liegt im Wesen des Geldes, Herren und Knechte, Ausbeuter und Ausgebeutete zu schaffen, ob wir wollen oder nicht. Wer aber diese Schrift in die Hand nimmt, der tat es im Gedanken, daß er Erfolg haben möchte – und das ist die Voraussetzung des Erfolges. Bei allen denen, die heute nicht Erfolg haben, ist der Fehler der, daß sie nicht wissen, wie sich im Innern des Menschen die schöpferischen Vorgänge abspielen, durch die alles in unserem Leben wird und entsteht. (Wenn ich hier von »Erfolg« rede, so meine ich damit nicht bloß den materiell zu messenden Erfolg, sondern die Erfüllung *aller* Wünsche, die der einzelne erstrebt.)

2. Aufgabe: Die Vorstellung, die Du in Dir pflegen mußt, stellt sich bei Dir als ein: »Ich will ...« ein. Ändere sie um in ein: »Ich werde ...«

Ein »Ich will ...« führt zu einer Verkrampfung der Vorstellungswelt. Nach den Gesetzen des Vorstellungsablaufs erregt ein bewußtes »Ich will ...«

fast immer ein »Ich will *nicht*« im Unterbewußtsein. (»Nicht was ich will, das tue ich, sondern was ich *nicht* will, *das Böse,* das tue ich – ich elender Mensch«, klagt der Apostel Paulus.) Diese Aufgabe ist eine der schwersten und wichtigsten. Sie setzt voraus, daß man sich über den Weg im klaren ist, den man in den nächsten Tagen gehen will – und darüber hinaus.

3. Aufgabe: Gehe zurück in Deinem Leben, und erinnere Dich an alles Gute und Schöne, das Du schon erlebt hast. Verweile besonders bei allen »Fügungen« und bei den »Glücksfällen«, die Du erlebt hast.

Es gibt keinen Menschen, dessen Aufgabe nicht mit ihm geboren wird, sagt Carlyle. Diese Aufgabe wird man gewahr, wenn man diese Selbstschau nach ihrer glücklichen Seite hin vornimmt. Jedes Glück, das uns zuteil wird, kommt durch eine glückliche Fügung, die durch ein Arbeiten in jener Richtung herbeigeführt wurde, die unserer Veranlagung und Bestimmung entsprach. Es gibt keinen Menschen, der nicht mindestens einen solchen Glücksfall in seinem Leben auszuweisen hätte.

4. Aufgabe: Gehe noch einmal alle Erinnerungen durch, und vergegenwärtige Dir alles, was Du in Deinem Leben bereust. Suche die Ursache, warum Du das tun mußtest, was Du jetzt ungetan wissen möchtest.

Alles, was wir taten, geschah aus einem inneren Müssen heraus. Die Autosuggestion selbst, die wir anwenden, kommt aus solchen Quellen. Durch die Erforschung der Triebkräfte unseres Denkens und Handelns gelangen wir zu der Möglichkeit, diese Kräfte zu schwächen, zu stärken oder in andere Bahnen zu lenken.

5. Aufgabe: Suche zu allem, was Du bereust, einen vollwertigen Ersatz für das, was Du in dieser Tat seinerzeit gesucht hast. Der Ersatz muß letzten Endes die gleiche Befriedigung bringen, jedoch auf einer höheren Stufe.

Wir müssen zu dem stehen, was in uns steckt. Es geht nicht an, natürliche Triebe zu unterdrücken; sie »holen sieben andere Teufel und hausen schrecklicher denn vorher«. Nicht Triebverdrängung, sondern Triebbefriedigung in natürlicher, vernünftiger Weise.

6. Aufgabe: Stelle zusammen: 1. Alles Gute und Schöne, 2. alles Unliebe und Schlimme, 3. alles, was als vollwertiger Ersatz für das Schlimme eintreten kann.

Der siebente Tag ist der Tag der Gesamtschau und des Rück- und Ausblicks. Der Sonntagmorgen und -vormittag ist geschaffen zur Gewinnung der Übersicht.

7. Aufgabe: Stelle einen Plan für Dein ganzes Leben auf, der sich auf den Inhalt von 1. und 3. der vorigen Aufgabe stützt.

Nicht daß wir unser Leben nach einem Plan schon heute regieren könnten – aber es ist schon so, daß wir dieses Bedürfnis haben und ein Gefühl bekommen für die Schönheit und Größe des Weltgeschehens, sobald wir versuchen, selber bestimmend einzugreifen. In den großen Plan Deines Lebens wird sich bald alles einordnen, was geschieht.

8. Aufgabe: Stelle Dir vor, was Du sein möchtest 1. als Mensch, 2. in Deinem Beruf, und gestalte dieses Bild anschaulich und ausführlich.

Zweifellos wird sich bei der Prüfung der Frage: Stehe ich wirklich in meinem wahren Beruf, mancher sagen: Nein, ich habe meinen Beruf verfehlt; ich konnte nicht werden, was ich sein möchte. Aber es ist doch so, daß selbst heute jeder wird, wozu er berufen ist – wenn er den Willen dazu hat. Denn es gibt in jedem Beruf so viele, die ihn nicht lieben und die darin zu ersetzen für jeden, der nur recht will, leichter ist, als man annimmt. Es kommt nur darauf an, ob man richtig wollen kann.

9. Aufgabe: Stelle alles zusammen in der Reihenfolge, wie es Dir einfällt, 1. was Du tun möchtest, 2. wie Du werden möchtest, 3. was Du Dir abgewöhnen möchtest, 4. was Du Dir angewöhnen möchtest.

Diese Aufzeichnungen sind nicht alle auf einmal möglich. Am besten macht man sie auf Blätter, die nur einseitig beschrieben werden, und numeriert sie nach den Aufgaben, mit 1., 2., 3. usw. und dann 1a, 1b, 2a, 2b, wobei man jedesmal das Datum einsetzt, wenn man wieder daran arbeitet. Sie werden am besten in einem Briefumschlag verwahrt, den man immer bei sich trägt. Es gibt, wie in der Natur, so auch im Menschen Zeitabschnitte raschen und Zeitabschnitte langsamen Wachstums. Daher sei man nicht entmutigt, wenn diese Blätter einige Zeit liegenbleiben: auch die Natur hat ihren Winter und ihren heißen Sommer. Wenn man später wieder auf die Notizen zurückgreift, so wird man erstaunt sein, wie sich die Entwicklung doch in der Richtung fortbewegt hat, die man dort einschlug.

10. Aufgabe: Aus den drei Abteilungen der vorigen Aufgabe ordne eine neue Reihenfolge, und zwar nach der *Dringlichkeit* bei den Arbeiten, die Du tun mußt, nach der *Wichtigkeit* die beiden andern Abteilungen. Damit entsteht 1. ein Arbeitsplan, und 2. und 3. ein Plan für die Durchführung der Arbeit an der eigenen Vervollkommnung.

Das allerwichtigste für die erfolgreiche Arbeit ist ein guter Arbeitsplan. Aus der Fülle Deiner Dir vorgenommenen Arbeiten greife für jeden Tag einige der dringendsten heraus – mehr als Du bewältigen wirst –, und schreibe sie in Deinen Tagesplan ein. Dann nimm die, welche Dir augenblicklich am besten liegt, und setzte Dich dahinter. Bald fallen Dir andere Aufgaben ein, die Du auch noch tun solltest. Da Du aber die dringendste Arbeit ausgelesen hast, so können die andern ruhig warten, bis die erste fertig ist. Wahrscheinlich fallen Dir auch andere ein, die noch nicht auf dem fortlaufenden Verzeichnis stehen. Um sie nicht zu vergessen und Dich doch nicht ablenken zu lassen, schreibe sie sofort auf den leeren Zettel, und fahre an der angefangenen Arbeit weiter. Nach deren Beendigung ist dann Gelegenheit, die neuaufgetauchten Arbeiten an der richtigen Stelle einzuordnen.

Die ganze Arbeit bis hierher ist nur Vorbereitung für das Einsetzen mit der Autosuggestion nach Coué. Diese Vorbereitung kann ruhig erst ganz oberflächlich gemacht werden. Von selber wird sich regelmäßig das Bedürfnis einstellen, diese Aufzeichnungen zu ergänzen und fortzusetzen, wenn sie einmal angefangen sind. Da man den Briefumschlag mit diesen Blättern immer bei sich trägt, so kann man immer wieder daran arbeiten. Dabei fasse man den Arbeitsplan und den Plan für das An- und Abgewöhnen ja nicht zu enge, lege auch mehr Gewicht auf den Arbeitsplan und gutes, gescheites Arbeiten als auf Ab- und Angewöhnen. Arbeitet der Mensch vernünftig und gut, so braucht er sich nicht anderweitig behandeln zu lassen. Was den meisten Leuten fehlt, wenn sie sich behandeln lassen müssen, ist die befriedigende Arbeit und die rechte Erfüllung in ihrem Liebesleben. Beides kommt sicher durch das richtige Wollen.

11. Aufgabe: Überlege Dir, daß Du augenblicklich vor einer Arbeit stehst. Sie geht nicht mehr gut voran. Dies ist der Augenblick, wo Dir die Autosuggestion weiterhilft, gleichgültig, welches die Arbeit ist. Du faßt den Gedanken: Ich werde jetzt gut weiterarbeiten können. Dann ziehst Du Dich in die Schlafstellung zusammen, schließt die Augen, löst Dich innerlich ganz aus Deiner Umgebung los, bis Du das Gefühl des Schwebens im All hast. In diesem Dämmerzustand sagst Du Dir 20mal so schnell als möglich: Ich werde jetzt gut weiterarbeiten können. Das Abzählen erfolgt an den Fingern, die ihre Lage nicht verändern und nur durch ein leises Zucken die Zählarbeit kontrollieren.

Der Erfolg wird sich hier immer augenblicklich einstellen. Warum? Wir wissen es nicht sicher. Die glaubhafteste Erklärung ist die, daß durch die Loslösung von Deiner Umgebung und das Zurückgehen auf den Zustand des Beginnes alles Lebens sich eine Lockerung der Vorstellungswelt ergibt, die damit den Boden bereitet für ein Versenken einer neuen Vorstellung. Nicht vom *Wollen* geht die Beeinflussung des Willens aus, sondern von den *Vorstellungen.* Jede Vorstellung trägt in sich das Streben nach ihrer Verwirklichung. Diesem Streben muß man nur Licht und Luft und Zeit geben, dann geht alles sozusagen von selbst.

12. Aufgabe: Übe Dich im Loslösen von Deiner Umgebung. Löse Dich auf folgende Weise: Beginne mit dem Gedanken, daß eine vollständige Entspannung eintrete, in der Fußspitze des rechten Beines, verfolge in Gedanken ein Gelenk ums andere, bis in die Hüfte, dasselbe links, dann von den Fingern der rechten Hand bis in die Schulter und zum Schulterblatt und Schlüsselbein und zur rechten Kopfhälfte, dann rechts auf die gleiche Weise und schließlich den Leib.

Diese Übung ist eine rein technische Übung, um sich zu entspannen und in die für die Autosuggestion beste körperliche Einstellung zu kommen. Sehr gut ist sie auch als Mittel zum Ausruhen. Mit dem entspannten Körper entspannt sich auch der Geist. Doch ist er nicht ruhig, sondern bereit zum Empfang neuer Vorstellungen, die er in diesem Augenblicken aufnehmen kann.

13. Aufgabe: Tritt ein Anlaß zu heftiger Gemütserregung auf, so nimm sofort die Autosuggestionshaltung ein und sage Dir: »Ich gewinne Distanz zu den Dingen.« Dies geschieht so lange, bis eine Beruhigung eingetreten ist.

Wenn eine große Gemütserregung kommt, eine unangenehme Nachricht, Unglück usw., so sind das immer treffliche Gelegenheiten zur Anwendung der Autosuggestion. Alle diese Dinge verlieren durch die Betrachtung aus einer Distanz von wenigen Tagen schon viel an Bedeutung.

Was uns vor Jahren den Revolver in die Hand zu drücken schien, erregt jetzt unser Lächeln. Warum sich also jetzt über Dinge aufregen, die uns später auch wieder nur ein leises Lächeln entlocken? Es mag gut sein, sich zeitweise diese Dinge der Vergangenheit ins Gedächtnis zurückzurufen, um an ihnen die Wirkung der Zeit zu betrachten. Dabei mag man versuchen, die heftigen Gemütserregungen der damaligen Zeit wieder in sich zu erwecken – und man wird sehen, daß es kaum mehr möglich ist. Warum sich also heute über die Dinge aufregen, über die man sich später sogar mit dem besten Willen nicht mehr aufregen kann?

14. Aufgabe: Eine Begierde nach etwas, das man sich abgewöhnen möchte, tritt auf. Du versenkst Dich in die Autosuggestionshaltung und flüsterst Dir das Gegenteil ein, wie es sich aus Übung Nr. 6 ergibt.

Das Gute wird, richtig in die Vorstellungswelt eingesetzt, das Schlechte überwuchern. Aber man muß nie wollen. Wollen verwandelt sich heimtückisch oft in ein Nichtwollen. Der Apostel Paulus hat das ja sehr schön erfahren. Und ebenso gefährlich ist die Abtötung des Sinneslebens durch die Kasteiung, durch die bewußte Ablehnung des Gesundsinnlichen. Jeder Trieb muß sich auswirken können. Daher gilt es, durch zielbewußte Arbeit die Mittel zu seiner natürlichen und edlen Auswirkung zu erhalten. Die wichtigste Regel für die erfolgreiche Autosuggestion ist die Ausschaltung des bewußten Willens während der Einprägung der Suggestionsformel. Was man sich vornimmt, muß wie ein Samenkorn von der Pflanze auf das weiche Erdreich fallen, ohne die geringste Anstrengung des Willens. Das »Wollen«, d. h. die Wahl des zu Wollenden, muß sich bei wachem Zustand abspielen; bei der Aufstellung unseres Lebensplans und Arbeitsplans, bei der Zusammenstellung all der Dinge, die wir ablehnen, und der Dinge, die wir gerne annehmen und haben möchten. Diese wichtigste Vorarbeit, wie sie die Übungen Nr. 7 bis Nr. 10 geben, muß den *Inhalt* des Willens bilden; aber zum Einpflanzen und zum Gedeihen des Erwünschten muß der Wille ausgeschaltet werden.

15. Aufgabe: Versetze Dich von Zeit zu Zeit, wenn Du »sonst nichts zu tun hast«, in einen Zustand des Träumens, der so lange anzuhalten ist, bis sich ein Streben und Wollen daraus entwickelt. Um dieses Streben und Wollen unvermerkt in unsere Sinne zu leiten, ist es nötig, daß wir eine fördernde Einflüsterung stets zur Hand haben. »Es geht mir mit jedem Tag in jeder Beziehung immer besser und besser.« Diese Allgemeinsuggestion bezieht sich auf

alles, was uns fördern kann. Sie ist jeden Morgen und jeden Abend zwanzigmal (Abzählen an den Fingern) herzusagen, nachdem man sich in den Zustand der Entspannung versetzt hat.

Nichts schwächt so sehr den menschlichen Geist wie planlose Arbeit und vor allem planlose Lektüre, besonders von Zeitungen. (Regel für Zeitungsleser: Nie an allem naschen, sondern nur die Überschriften fest ins Auge fassen, mit dem Gedanken: Was kann mir dies sagen? Bietet uns der Abschnitt nach der betr. Überschrift etwas, dann geht man weiter und liest erst am Schluß der Durchsicht des ganzes Blattes die ausgewählten Aufsätze genau durch. So kann man dem Wichtigsten auch die meiste Zeit zuwenden.) Viel besser als planloses Lesen ist gesammeltes Nachdenken und eigenes Arbeiten, wobei jener Briefumschlag mit den Aufzeichnungen gute Dienste leistet. Und je mehr man sich an solches Selbstdenken gewöhnt, desto leichter fällt es einem und desto unabhängiger wird man im Urteil. Gut ausgewählte Lektüre unterstützt uns sehr: Ein Buch macht uns weder gut noch schlecht, aber es macht uns besser oder schlechter. Der beste Lesestoff ist für jeden Menschen das, was er aus tiefstem Erleben großer Menschen lernen kann.

16. Aufgabe: Versetze Dich an eine Stelle, wo Du bisher immer Angst hattest, vergegenwärtige Dir diese Augenblicke ganz lebhaft, und atme dabei ganz ruhig ein und aus, indem Du Dir den ganzen, für Dich sonst beängstigenden Vorgang vor Deinen Augen sich abspielen läßt. Dies wird wiederholt, bis sich keinerlei Angstgefühle mehr zeigen.

Diese Übung ist besonders Leuten mit Lampenfieber zu empfehlen. Woher kommt die Angst der Redner, Schauspieler usw.? Aus einem Mißverhältnis zwischen dem, als was sie sich selber fühlen, und zwischen dem, was sie vor der Öffentlichkeit sein möchten. Ein Mensch mit miserablen Leistungen hat nicht Lampenfieber, wenn er von der Güte seiner Leistung selber überzeugt ist und nicht merkt, wie schwach sie ist. Ein anderer mit weit besseren, ja glänzenden Leistungen leidet entsetzlich unter dem Lampenfieber, weil er infolge seiner Minderwertigkeitsgefühle die eigene Leistung zu tief einschätzt und andererseits doch Großes leisten möchte – gerade aus dem Gefühl der Minderwertigkeit heraus.

Unsere Aufgabe ist es, die Grenze unserer Leistungsfähigkeit und die Höhe unserer Leistungen abzuschätzen und sie in Übereinstimmung zu bringen.

Bei der Bekämpfung des Lampenfiebers ist besonders wichtig die Beherrschung des Atems, weil dem von Lampenfieber Befallenen der Atem fehlt und seine Stimme heiser oder gepreßt klingt. Bei andern versagt die Arbeit der Speicheldrüsen, und sie können sich nur durch Wassertrinken helfen. (Daher das Wasserglas am Rednerpult, aus dem man viele Redner schon nach wenigen Minuten trinken sehen kann. Sonderbarerweise arbeiten bei vielen die Speicheldrüsen, sobald sie nur das Glas sehen – es ist für sie beruhigend genug.) Ist die rechte seelische Einstellung da, so streiken weder Lunge noch Speicheldrüsen.

Gedanken künden sich ganz leicht an, bevor sie auftreten. Verdrängt man sie als nicht erwünscht, so stehen sie gewissermaßen immer vor dem Eingang und vergiften unser Denken. Sehr häufig hört man junge, ernsthafte Leute über diese »dominierenden Vorstellungen« sich beklagen, deren sie nicht Herr werden können. Was ist da zu tun?

17. Aufgabe: Laß die schlimme Vorstellung, die Du nicht mehr aufkommen lassen möchtest, die sich Dir aber aufdrängt, in allen ihren Einzelheiten sich in Deinem Bewußtsein abspielen, jedoch ganz ohne in den Zustand der Entspannung und der Träumerei zu geraten. Gönne ihr da alle Freiheiten, laß sie sich ausleben, und mache in bewußten Gedanken mit, was sie Dir vorspiegeln. Nach ihrem Verblassen versenke Dich in den Zustand der Entspannung, schalte den Willen aus, und durchlebe nun in Deiner Vorstellung das Gegenbild, welches sich aus Deinen früheren Aufzeichnungen ohne weiteres ergibt. Verankere es in weitausschweifenden Bildern, stelle Dir die Leute vor, die Du liebst und die Dich lieben und wie Du Dich zu ihnen stellst, wenn Du den zweiten Weg einschlägst. Dann fasse den Entschluß in einige Worte zusammen, die Du Dir wiederholst. Später genügen diese Worte, um die sich aufdrängenden unerwünschten Vorstellungen zu vertreiben.

Der Mensch verfährt immer so, daß er zwischen Ablehnung und Annahme eines Gedankens schwankt. Je größer die Spannung zwischen den beiden Polen ist, desto erregter wird das Gefühlsleben. Ein »überspannter« Mensch hat eine übertrieben große Spannung oder eine übertrieben rasch wechselnde Einstellung zwischen Annahme und Ablehnung eines Gedankens oder einer Vorstellung. Der gesunde Mensch strebt von der Unlust zur Lust; Lust wie die unvermeidliche Unlust zu vertiefen und zu veredeln ist Menschenarbeit und Menschenschicksal. Es ist weder gut noch ratsam, allen heftigen Gefühlen aus dem Weg zu gehen, selbst wenn man sie mit Leichtigkeit bannen könnte.

18. Aufgabe: Wenn die unerwünschte Vorstellung einmal ganz bewußt und absichtlich bei voller Aufmerksamkeit sich ausgetobt hat, dann suggeriere Dir mit aller Umsicht: Es werden mich künftig keine unerwünschten Vorstellungen mehr verfolgen.

Damit ist dem Wiederauftauchen unliebsamer Vorstellungen ein Riegel geschoben, der um so besser hält, je geübter der Suggerierende in der

Kunst der Suggestion ist. Mißerfolge liegen nicht am Menschen, sondern immer nur an der Art der Ausübung der Suggestion, die nur versagt bei Leuten, die sich absolut nicht mehr konzentrieren können oder die geistig völlig träg sind. Das sind aber nur wenige Menschen. Immer – so kann man ruhig sagen – liegt das Versagen der Suggestion an der Art ihrer Anwendung, nicht am Menschen, der sie ausübt. Es gibt grundsätzlich keinen Durchschnittsmenschen, der sie nicht mit Erfolg anwenden könnte. Daher liegt nie ein Grund zu Entmutigung vor, wenn ein Erfolg ausbleibt und eine Niederlage zu verzeichnen ist. Man hat noch nicht gut gearbeitet – daher war auch das Ergebnis nicht das erwartete. Das ist alles, was man sich zu sagen hat. Wo aber das richtige Vorgehen noch fehlt, muß auch die Suggestion versagen.

19. Aufgabe: Stelle einen großen Gegensatz her zwischen dem, was Du verabscheust und doch tust! –, und dem, was Du sein möchtest – aber nicht bist!

In Besprechungen mit Leuten, die an Willensschwäche und an den damit verbundenen

Leiden kranken, erhält man immer wieder das Gefühl: ihre Leiden seien ihnen keine so große Last, daß sie deren Ursachen vermeiden wollen, um ihnen zu entgehen. Die Lust, die sie aus der Ursache ihrer Leiden gewinnen, ist so groß, daß sie lieber diese Lust behalten und die Leiden dafür in Kauf nehmen. Sie schlachten die Henne, die goldene Eier legt, auch wenn sie wissen, daß sie dann auf die Eier verzichten müssen. Diese unentschlossene Haltung in ein entschlossenes »Ich will – ich kann – ich marschiere vorwärts!« zu verwandeln, vermochte bisher keine der vielen »Willensschulungen«. Am nächsten kommt der Lösung eingehendes Nachdenken und dabei starkes Herausarbeiten von Gefühlen des Hasses gegen das, was man meiden sollte, und der Liebe zu dem, was man sein oder tun möchte. Dabei darf man aber nicht stehenbleiben, sondern man muß diese Gefühle wiederum zu Suggestionen umarbeiten, die man in der erlernten Weise in sein Unterbewußtsein versenkt.

20. Aufgabe: Die Gefühle des Hasses gegen das, was man vermeiden möchte, sind durch

beschauliches Nachsinnen zu stärken und zu erregen, bis sie wieder in eine Suggestion ausmünden, die negativ ist. Das beschauliche Nachsinnen darf hier nicht Träumen sein!

Bei einer negativen Suggestion zu verbleiben ist nicht gut, weil die Gefahr dabei groß ist, die verderbliche Vorstellung zu verstärken. *Ihr muß immer die ungleich wichtigere, positive Suggestion folgen.*

21. Aufgabe: Die Gefühle der Liebe zu dem, was man tun oder sein möchte, sind durch beschauliches Nachsinnen zu verstärken, bis sie wieder in eine Suggestion ausmünden können. Das beschauliche Nachsinnen muß hier Träumen sein.

Der Mensch kann alles, was er vernünftig will. Es ist unglaublich, was jeder erreichen kann, wenn er zum Erreichen seiner Ziele die richtigen Mittel und Wege einschlägt. Man stelle sich an den Platz von Edison, von Napoleon, von Siemens, von Madame Curie! Was waren sie – was sind sie geworden! Tausend andere waren zu ihrer Zeit besser dran als diese genannten! Aber warum kamen sie allein hoch? Weil in ihnen das heilige Feuer brannte, das ihnen keine Ruhe ließ. Aber auch in Dir brennt es – sonst würdest Du nicht zu diesem Buch gegriffen haben! Also, frisch an die Arbeit!

Nachwort

Die Aufgaben scheinen von einer verwirrenden Vielfältigkeit zu sein. Ich gebe daher zum Schluß noch einen einfachen Plan, aus dem hervorgeht, daß die Sache doch nicht so schlimm und umständlich ist, wie sie aussieht. (Ich entnehme ihn fast wörtlich dem ausgezeichneten Buche von Baudouin: »Suggestion und Autosuggestion«*, das ich zum Studium besonders empfehlen möchte.)

1. Jedem Morgen und jeden Abend kurz vor und nach dem Schlafe konzentriere man sich auf die allgemeine Hauptformel (Aufgabe Nr. 15). Diese Formel ist nie mehr aufzugeben. Sie bildet den Grundstock der Behandlung.
2. Tagsüber greift man zu den besonderen Suggestionen (Es geht vorüber …), wenn es sich um Leiden handelt, die beseitigt werden müssen, oder zu bestimmten einfachen Sätzen,

* Eine Neuausgabe des Werkes von Charles Baudouin ist im Oesch Verlag in Vorbereitung.

wie: »Ich kann gut weiterarbeiten«, »Die Gedanken stellen sich wieder ein«, »Ich werde nur gute Gedanken haben« usw.

3. »So oft als möglich versetzt man sich entweder durch einfache Sammlung oder durch Autohypnose in einen Zustand der Selbstspannung, worin man sich möglichst lebhaft und plastisch die Bilder der gewünschten seelischen und körperlichen Besserungen vergegenwärtigt.« (Baudouin)

   Diese Selbstschau, verbunden mit Aufzeichnung, kann man bei unfreiwilligem Warten, in langweiliger Gesellschaft, bei Gängen und Bahnfahrten usw., usw. vornehmen und gewinnt aus diesen sonst verlorenen Minuten vielleicht mehr als aus mancher vermeintlich gut zugebrachten Stunde.

4. »Man pflegt die Fähigkeit des Sichentspannens und des Sichsammelns und auch die Fähigkeit zu anhaltender Aufmerksamkeit.« (Baudouin)

5. Der Sonntag – aber es kann ein jeder Tag ein Sonntag sein in dieser Beziehung – wird verwendet zur vorbereitenden Hauptarbeit, zur Ausarbeitung des Lebensplans.

Dabei ist eines nie zu vergessen: Die heutige Wirtschaftsordnung zwingt immer mehr Menschen unter die Armutsgrenze. Allgemeiner Wohlstand und allgemeines Wohlergehen sind unter ihr nahezu ausgeschlossen. Deshalb ist bei der Bestimmung des Lebensplanes auch darauf Rücksicht zu nehmen, daß die Grundlagen unserer Wirtschaft so geändert werden, daß *allen* Menschen ein ihrer besonderen Arbeitskraft entsprechender Wohlstand zuteil werden kann.

Und nun – heut ist heute! Der jetzige Augenblick birgt in sich die Summe aller vergangenen Zeiten und trägt in sich den Keim zu allem Kommenden. Es ist einer der höchsten Gedanken, daß Du fähig bist, das ganze Universum in Dir zu erfassen und, von diesem Hochgefühl ausgehend, Dich wiederum auswirken kannst, und daß die Spuren Deines Wirkens nie mehr verschwinden können. »Wirke daher, gleich einem Stern, ohne Hast, aber ohne Rast.« (Carlyle)

Der vorstehende Text von Fritz Schwarz erschien erstmals 1924 in Bern. Er wurde für die vorliegende Ausgabe vom Verlag überarbeitet.

Es ist uns leider nicht gelungen, Näheres über den Autor zu erfahren. Für Angaben aus dem Leserkreis dieses Buches sind wir deshalb dankbar. Nachkommen des Autors bitten wir ebenfalls, sich beim Verlag zu melden.

Adreßverzeichnis

Coué Schweiz und lokale Coué-Vereine / Coué-Vereinigungen in Deutschland und Österreich

Coué Schweiz	Postcheck 30-11652-8, Kto. Karlsruhe 70908754			
Zentralpräsidentin:	Anne Müller	Georg-Kempf-Str. 15	8046 Zürich	Tel./Fax 01 371 30 88
Vizepräsidentin:	Christa Wehrlin	Seewadelstr. 23b	8444 Henggart	Tel. 052 316 30 76
Mitglied Geschäftsleitung:	Rita Senn	Teichstr. 33	4106 Therwil	Tel. 061 721 55 09
Zentralsekretariat:	Heidi Dettwiler	Postfach 18	3032 Hinterkappelen	Tel./Fax 031 901 13 41
Finanzen:	Werner Senn	Teichstr. 33	4106 Therwil	Tel. 061 721 55 09
Coué Aarau	Bank Suhrental, 5040 Schöftland, Kto. 30-38201-4			
Präsidentin/Sekretariat:	Silvia Schneider	Rankacherstr. 3	5033 Buchs	Tel. 062 824 88 12
Vizepräsident:	Markus Wyser	Wannengut 23	4812 Mühletal	Tel. 062 752 27 88 P.
				Tel. 062 751 971 05
Beratungen:	Hans Haller	Äplistr. 10	5016 Obererlinsbach	Tel. 062 844 33 30
Coué Baden	Postcheck 50-19423-0, Aarau			
Präsident/Auskunftsstelle:	Franz Keller	Winkelstr. 22	5304 Endingen	Tel. 056 242 12 32 P.
Vizepräsidentin:	Marie-Therese Erne	Wilstr. 86	8600 Dübendorf	Tel. 01 821 17 70
Sekretariat:	Sandra Belmonte	Rebbergweg 1	5313 Klingnau	Tel. 056 245 68 86
Finanzen:	Sonja Tschinkel	Grubstr. 8	5300 Turgi	Tel. 056 223 10 24

Coué Basel	Postcheck 40-30429-2			
Präsidentin/Sekretariat:	Rita Senn	Teichstr. 33	4106 Therwil	Tel. 061 721 55 09
Vizepräsidentin/Bücher:	Christine Rolli	Rosenweg 35	4153 Reinach	Tel. 061 711 50 42
Beratungen:	Gertrud Wirth	Richtung Rauracherstr. 191	4125 Riehen	Tel. 061 601 68 13
	Christine Keiser	Emil-Frey-Str. 60	4142 Münchenstein	Tel. 061 331 48 62
Coué Bern	Postcheck 30-23558-0			
Präsident/Beratungen:	Beat Scheuermeier	Funkerstr. 4	3013 Bern	Tel. 031 331 79 86
Sekretariat: abends	Jeannette Zahler	Postfach 645	3000 Bern 25	Tel. 031 332 37 07
Vizepräsidentin/Buchverk.:	Luzia Heiniger	Widlisbachstr. 41	4565 Recherswil	Tel. 032 675 42 46 abends
Autosuggestion nach Coué und psychologische Beratung, Information und Vermittlung:				Tel. 031 331 79 86
Coué Biel Kontaktadresse:	Edith Balsiger	Talackerstr. 2	4566 Halten	Tel. 031 675 36 40
Coué Churer Rheintal				
Präsident:	Lorenz Leibundgut	Lux 7	7207 Landquart	Tel. 081 322 47 38
Vizepräsident und Aktuar:	Egon Mangott	Kasernenstr. 103	7000 Chur	Tel. 081 252 04 03
Finanzen:	Rita Kopp	Bartholomäplatz 8	7310 Bad Ragaz	Tel. 081 302 19 86
Veranstaltungen:	Gerda Giger	Im Rosengarten	7205 Zizers	Tel. 081 322 63 44
Beratungen:	Margreth Leibundgut	Lux 7	7207 Landquart	Tel. 081 322 47 38
Coué Frauenfeld	PC-Konto 85-5130-6			Fax 052 721 43 30
Präsident/Sekretariat:	Heinz Belz	Zürcherstr. 153, Pf 124	8501 Frauenfeld	Tel. 052 722 29 92
				Tel. 052 722 29 93
Coué Graubünden				
Präsident:	Giammario Trippolini	Chesa Pitschna	7503 Samedan	Tel. 081 852 42 90
Vizepräsident:	Marcel Hofmann	Suren	7523 Madulain	Tel. 081 850 18 30
				Fax 081 850 18 31

Coué Solothurn				
Präsidentin:	Margrit Meyer	Blumensteinweg 27	4500 Solothurn	Tel. 032 622 57 07
Sekretariat/Auskunft:	Elisabeth Schmid	Keltenstr. 34	4500 Solothurn	Tel. 032 623 33 60
Buchverkauf:	Heidi Primavesi	Hunnenweg 3	4500 Solothurn	Tel. 032 621 34 53
Coué St. Gallen	Postcheck 90-6166-8			
Präsident:	Robert Sonderegger	Im Weingarten 28	9242 Oberuzwil	Tel. 071 951 48 40
Sekretariat:	Ursula Eicher	Grünaustr. 8	9536 Schwarzenbach	Tel. 071 923 63 07
Buchhaltung:	Manuela Loser	Erlen 1	9042 Speicher	Tel. 071 340 05 10
				Fax 071 340 05 11
Beisitzer:	Erika Kesselring	Martinsbruggstr. 80a	9016 St. Gallen	Tel. 071 288 50 62
Coué Tessin				
Kontaktstelle:	Willy Huber	Piazza B. Ouadri 5	6982 Agno	Tel. 091 605 28 53
Coué Wallis	Raiffeisenbank Brig 19-4041-3, Kto. 702566.01			
Präsident/Beratung:	Robert D. Mannhart	Kapuzinerstr. 45	3902 Brig-Glis	Tel. 027 923 33 12
Sekretariat/Bücher:	Wohnheim St. Sebastian		3902 Brig-Glis	Tel./Fax 027 923 33 1
Coué Winterthur				
Präsidentin:	Rita Loreto	Postfach 2085	8401 Winterthur	Tel. 052 233 63 84
Finanzen:	Nicole Knuth	Eigenheimweg 39	8400 Winterthur	Tel. 052 232 44 83
Sekretariat:	Christa Werlin	Seewadelstr. 23b	8444 Henggart	Tel. 052 316 30 76
Coué-Beratungen:	Ruth Hänni	Hermigasse 15	8192 Glattfelden	Tel. 01 867 42 28

Coué Zentralschweiz				
Präsident:	Armand Brunner	Krauerstr. 5, Pf 1146	6020 Emmenbrücke	Tel. 041 260 58 57
				Tel. 041 260 60 12 G.
Sekretariat:	Jochem Vogel	Ahornweg 13	6020 Emmenbrücke	Tel. 041 260 84 23
Kasse:	Trudi Studer	Krauerstr. 5, Pf 1146	6020 Emmenbrücke	Tel. 041 260 58 57
Bücher:	Pia Odermatt	Kapellmatt	6383 Wiesenberg	Tel. 041 628 10 84
Beratung:	Trudi von Wyl	Unterfeld 1	6102 Malters	Tel. 041 497 36 53
	Rita Merkler	Schauensee 7	6204 Sempach	Tel. 041 460 18 37
Coué Zürich	Postcheck 80-41362-3			
Präsident:	Fritz Müller	Georg-Kempf-Str. 15	8046 Zürich	Tel. 01 371 30 88
Buchverkauf:	Hans Galli	Nüschelerstr. 49	8001 Zürich	Tel. 01 211 99 11
Beratungen:	Anne Müller		Zürich	Tel. 01 371 30 88
	Elfy Bauer		Dietikon	Tel. 01 740 81 41
Coué Club Austria (CCA)		Bahnhofstr. 20	A-9020 Klagenfurt	Tel. 0463 511 567
Präsident:	Dipl. Ing. J. Sammt	Bahnhofstr. 20	A-9020 Klagenfurt	Tel. 0463 331 17
Coué-Beratungen:	Trude Janach	im Rosental 100	A-9184 St. Jakob	Tel. 0463 59 19 02
Coué Österreich	Raiffeisenbank Payerbach, Bankleitzahl 32 6 31, Kto. 108977			
Präsident:	Werner Pogats	Waldwinkel 45	A-2671 Küb/Payerbach	Tel. 02666 41 00
Coué Tirol				
Präsident:	Margrit Andre	Gramartstr. 25	A-6020 Innsbruck	Tel. 0512 29 26 05

Coué Hart bei Graz	Karl Knas	Pachern, Emil Couégasse 5	A-8075 Hart bei Graz	Tel. 0316 49 15 52
Coué Deutschland Seminare und Beratung:	Klaus D. Ritter	Hubertusstr. 5	D-83413 Fridolfing	Tel. 086 84 91 54
Coué Berlin-Brandenburg	Ingo Fischer Barbara Dose	Jülicherstr. 8 Tramperweg 1	D-13357 Berlin D-13439 Berlin	Tel. 030 494 09 99 Tel. 030 416 62 40
Coué Hameln-Pyrmont	Kurt Rimkus	Brunnenplatz 1	D-31812 Bad Pyrmont	Tel. 05281 35 94
Coué Hannover-Peine	Gisela Krätzer	Am Rothbusch 58	D-31319 Sehnde	Tel. 05138/41 84
Autosuggestion E. V. Kassel Beratung nach tel. Vereinbarung:	Reinhold Degenhardt	Steinbreite 36	D-34123 Kassel-B.	Tel./Fax 056 15 42 71
Coué Saarland Vorsitzender:	Albert Hector	Obersteinerstr. 4	D-66113 Saarbrücken Fax 0681 44091	Tel. 0681 4 50 88

Weitere Kontaktadressen:

Coué in der franz. Schweiz: Marianne Schwab, 3, chemin Beausite, 2515 Prêles, tél. 032 315 18 59
Coué-Gruppe Mannheim-Viernheim, Charlotte Lechner, Rathausstr. 7, D-68519 Viernheim, Tel. 06204 6 77 93
Emil Coué Ungarn, Haszkofo u. 7, H-8200 Veszprem
«Suivre Coué»: Association a but non lucratif Loi de 1901 – 16, Les jardins de la Ste-Victoire, Impasse de l'Agnel, F-13770 Venelles, tél (0033) 42 54 14 36